I0756973

Portada:

Obra de Nacho Mur, Serie Huellas Nº 5 - 145 x 205 cms. - Témpera y tinte sobre lienzo. ©Nacho Mur
web: www.nachomur.net

ISBN nº:
Depósito legal:
Impresión:
Maquetación:

LA ALTA SENSIBILIDAD

VIVIR DESDE EL CORAZÓN

Karina Zegers de Beijl

Índice

Introducción

Todo empezó con una fuerte discusión...

Todo empezó con una pelea verbal entre yo y el hombre que por aquel entonces era mi pareja. Ya ni recuerdo cuál fue el motivo de la discusión; solamente recuerdo que era la enésima vez que nos peleábamos por algo que en sí carecía de una importancia real.

«¿Por qué nunca contestas cuando te digo algo?» me gritó.

Desde que era niña tengo problemas con personas que me gritan. Los gritos me producían una sensación de ser agredida, de ser atacada. La consecuencia era que me bloqueaba, me cerraba y era totalmente incapaz de contestar. Voces altas y acusatorias me hacían un daño emocional y casi físico, ya que las percibía como bofetadas. Muchas veces también me producían una sensación de culpabilidad sin ser culpable. Y, cómo en aquella discusión, me había cerrado, no era capaz de contestarle, ni siquiera para pedirle que me hablase con un tono de voz normal. Me encogí física, y emocionalmente, algo que le enfureció todavía más.

«¿Ves?, ¿VES?, ¡Estás enferma!, ¡Estás muy, pero que MUY enferma!, ¡Necesitas terapia!, ¡Contigo no se puede hablar!, ¡Necesitas un psiquiatra!, ¡Enferma!, ¡¡¿Por qué no buscas en Internet para ver qué te pasa?!!»

Palabras como un regalo. De verdad, fueron estas las palabras que cambiaron mi vida. Cuando las escuché algo se alumbró en mi interior, algo se expandió en mi corazón, era como si se creara un espacio donde estas palabras pudieran alojarse y empezar su tarea de mi transformación. Pensando atrás, lo vivo como un momento mágico.

Desde entonces han pasado varios años, pero creo que nunca olvidaré aquellas frases que, en aquel instante sumamente desagradable, se me dijeron en un ataque de rabia e impotencia de ese hombre que se vio totalmente frustrado por una mujer a la que no entendía. Es más, él es un comunicador nato, y yo... bueno, ahora finalmente sé qué soy. Soy una persona altamente sensible.

No dudé en seguir su "consejo" y me senté delante del ordenador. En aquella época trabajaba de traductora literaria y, como esto significa tener la oficina en casa, el ordenador casi siempre estaba encendido. Tengo la costumbre de buscar información en la vasta biblioteca virtual y sé cómo, rápidamente, acceder a los datos que me interesan. Y así pasó. Escribí — en inglés— las palabras "alta sensibilidad" en la ventanilla del buscador, e instantáneamente vi llenarse la pantalla con varias direcciones que ofrecían la información que estaba buscando. Pinché en la primera, la Web de Elaine Aron.

¡No me lo podía creer! Leí sus palabras, hice el test y empecé a conocerme de verdad. Fueron momentos enormemente emotivos. No solamente me di cuenta de que no estaba enferma —cosa que, intuitivamente ya sabía, claro— sino que, y eso era lo mejor de todo, lo que me pasaba era una cosa normal. En la Web de la doctora Aron leí que no menos que un quince a un veinte por cien de todos los seres humanos que poblamos este planeta azul es considerablemente más sensible que las demás personas.

    No estaba enferma.
    No era la única que se sentía tan vulnerable e insegura.
    No era anormal.
    No necesitaba ningún tratamiento médico.

Sin saberlo, mi pareja de entonces me había dado algo que creo que ha sido el mejor regalo de mi vida. Siempre le estaré agradecida.

La búsqueda

Y empezó mi búsqueda. La Web de Elaine Aron ofrece mucha información, y yo la devoraba. Me reconocí en cada una de sus palabras, palabras que eran como un bálsamo para mi alma. ¿Cómo era posible que nunca hubiera sabido de esto? Iba recordando cosas que habían pasado en mi vida: cómo había sido de niña, mi forma de interactuar con las personas en mi alrededor, mis inseguridades, mis preocupaciones e ideales de adolescente, mi manera de funcionar en las relaciones sentimentales y el tipo de hombre que siempre buscaba, el tipo de trabajo que había elegido... Tenía la sensación de observar mi persona y mi biografía desde fuera, como mirando una película que, de una manera ya había visto, pero que ahora, viéndola desde una nueva perspectiva —o con nuevas gafas— cobraba más relieve, más color y, sobre todo, más sentido. Empezaban a encajar mis dolores y sufrimientos, pero también mis alegrías y las cosas que me emocionan.

La llave

Vivía un alivio que es difícil de describir. Durante años había cargado con "algo" que me impedía ser quien realmente soy pero que nunca supe identificar. Y, como por magia, de repente había encontrado la llave que me iba a permitir salir del armario. ¿Cómo puedes salir de un armario si estás dentro de él sin saber que ese armario existe?
Una llave es un instrumento poderoso. La vida te va regalando llaves, pero si no estás atento, se te escapan. Si las desprecias se pueden perder para siempre o, más adelante y si tienes suerte, presentarse en una forma distinta. Hay que estar despierto, eso está claro. ¿Para qué sirven las llaves? Sirven para crecer. Vamos, sirven para salir de armarios y aventurarse en un territorio nuevo y desconocido; un territorio fuera del pequeño espacio que hasta entonces formaba tu mundo. Y es verdad, abrir la puerta, ver y reconocer que hay muchas cosas por descubrir y aprender, es algo que puede dar miedo. El miedo te puede paralizar, pero si no das el paso —o el pasito— no puedes cre-

cer. Así de simple. Si no te atreves de, aunque sea un poquito, salir de tu zona de confort, es difícil que cambies, es difícil que crezcas, es difícil que puedas llegar a honrar a la persona que realmente eres, la parte de tu ser que me gusta llamar el "Yo consciente" o el "Yo superior".

El coaching

Había recibido mi llave. Y ¿ahora qué? Durante un tiempo seguía estudiando mi nuevo juguete, familiarizándome con él y asomándome a la puerta que empezaba a entreabrirse. Comenzaba a ver posibilidades para un siguiente paso, pero para eso tenía que salir de mi armario. Ahora, ¿de qué manera hacerlo? Porque, claro, está bien saber que la alta sensibilidad es algo bastante común, pero siempre hay esa tentación de quedarte allí. Yo, sin embargo, tenía claro que no quería quedarme con el simple conocimiento, tenía claro que mi llave era importante y que daba para más. Y aunque veía posibilidades de cosas que podía hacer, en ese momento no tenía muy claro qué o cuál tendría que ser mi siguiente paso.

Llegué a comprender que mi problema tenía que ver con la pregunta de cómo encauzar mi sensibilidad. ¿Cómo puedes, siendo un ser altamente sensitivo, funcionar en un mundo que básicamente carece de sensibilidad? Esta pregunta me dejó entender que, de hecho, no buscaba la terapia de un psicólogo, sino que lo que me convendría y lo que me sería mucho más provechoso, sería hacer un trayecto de coaching. Como ya sabía que dentro de mí llevo las soluciones a las dificultades que voy encontrando por mi camino, empezaba a darme cuenta de que lo que me hacía falta eran conversaciones con otra persona altamente sensible como yo, una persona que había aprendido, no solamente a encajar su sensibilidad, sino a sacar un provecho de ello. Simple: lo que necesitaba era un coach altamente sensible.

Tuve la suerte de encontrar a la persona que en ese momento me hacía falta. No en España —en España no encontré nada de nada sobre el tema de la alta sensibilidad— sino en los Estados Unidos, en California. Hice diez sesiones de coaching por teléfono; claro, irme unos meses a América no era opción. Afortunadamente el coaching por teléfono o vía skype es algo que funciona muy bien, y más todavía para personas altamente sensibles que tienen mucha sensibilidad auditiva. (Más adelante veremos que los PAS solemos tener "una especialidad" dentro del cuadro sensorial: algunos son más visuales, otros tienen el olfato muy desarrollado, etcétera).

Hice pues diez sesiones con mi coach americana, y aprendí muchísimas cosas sobre mí misma, sobre mi manera de funcionar y sobre mi forma de ser. Sobre qué hacer con mi vida. Aprendí que como PAS —persona altamente sensible— se puede vivir muy bien, siempre y cuando te cuides, siempre y cuando observes las necesidades de tu cuerpo y de tu alma y siempre y cuando no pretendas ser algo que no eres. ¿Cuáles son mis límites físicos y emocionales? ¿Qué necesita mi cuerpo? ¿Qué me pide mi alma? ¿Cómo aprender a reconocer esas necesidades que viven en mí? ¿Para qué sirve ser tan sensitivo? ¿Quién soy yo y qué quiero hacer con mi vida? Durante tres meses escasos viví un emocionante viaje de descubrimiento interior. Y en la medida que avanzaba por estos caminos nuevos, empezaba a germinar en el fondo de mi ser un profundo deseo de compartir lo aprendido con otras personas. Pero, ¿cuál sería la mejor manera de hacerlo? Y, sobre todo, ¿sería yo capaz de transmitir de una manera entendible e útil algo que puede ayudar a otra persona sensible cómo yo?

Al final decidí formarme como coach personal. Otra vez resultó que aquí, en España, no encontraba lo que buscaba. Por aquel entonces el coaching personal era todavía algo relativamente nuevo en España, y encontrar una escuela donde aprender el oficio era difícil. (Actualmente el coaching personal es bastante más conocido que hace unos años; menos mal). Y de nuevo encontré institutos especializados en la enseñanza del coaching en los Estados Unidos. Terminé la carrera de coach personal (CTI) y la de coach relacional para solteros y parejas (RSI), pero no era suficiente. Todavía me faltaba aprender todo lo que se puede saber sobre la alta sensibilidad.

Crecer

Esto me llevó a otras experiencias y vivencias, más descubrimientos y más aprendizajes. Tenía mi llave que me permitía salir al mundo. La alta sensibilidad es un campo muy amplio, pero claro, para poder apreciarlo hay que atreverse a dar el paso, y luego el siguiente. No digo que sea fácil. No niego que hay momentos difíciles, que hay obstáculos y retos. Claro que los hay. ¿Entonces, por qué hacerlo? Para mí la respuesta es fácil. Si no damos pasos, no crecemos. Si no salimos de nuestra zona de confort, nos estancamos. Si no aprendemos cosas nuevas, nunca cambia nada; ni en nosotros mismos, ni en nuestro entorno, ni en el mundo en general. Llegar a conocerme mejor, ganar entendimiento sobre mí misma, sobre mi forma de ser y de actuar, me aporta una mayor autonomía en mi relación con mi mundo. Dejo de ser víctima y gano libertad. Utilizando este don de la alta sensibilidad como una herramienta de ventaja, podía cambiar mi mundo limitado del interior de armario por un mundo lleno de posibilidades y de conocimiento. Sí, tener los sentidos más sensibles que la mayoría de la gente es un don. Efectivamente, es un don si entiendes qué te pasa y si aprendes a cómo utilizarlo. Yo creo en las personas altamente sensibles.

Este libro es uno de los frutos de mi trabajo. Tengo muy claro que aquí en España, aunque en realidad en todo el mundo hispanohablante, hay una gran necesidad de hacer visible el tema de la alta sensibilidad. Aunque ya hace unos quince años que la psicóloga americana Elaine Aron publicó su primer libro sobre el tema, y que la primera edición de la traducción castellana apareció en el año 2006, el asunto sigue relativamente desconocido. Sé y veo que hay muchísimas personas con una elevada sensibilidad que siguen en su armario sin saber que se encuentran en él. Se encuentran mal, sufren por ser sensibles o están deprimidos y no tienen ni la más remota idea que hay formas de mejorar la manera de experimentar el mundo y la existencia en él, hasta llegar a disfrutar de la vida. Este libro pretende ser una de las llaves que este tipo de personas, las personas con una elevada sensibilidad, pueden encontrar en su vida.

¿Cómo leer este libro?

Este libro contiene tres capítulos. Cada capítulo corresponde a cada una de las tres facetas humanas que son: el pensar, el sentir y la acción.

En la práctica esto significa que el primer capítulo pretende ser, principalmente, un retrato de la alta sensibilidad para que el lector pueda llegar a entender el rasgo en sí.

El PAS se mueve, sobre todo, en el mundo interior de las emociones. El tema central del segundo capítulo es el sentir, así que encontrarás aquí información sobre cómo se puede sentir una persona altamente sensible en determinadas circunstancias. Veremos a la persona interactuando con el mundo y podrás aprender más sobre el rico y, a veces, muy complicado mundo interior de un PAS.

Con el tercer capítulo entramos en la acción. Hay muchas cosas que puedes hacer para encauzar mejor la sensibilidad en tu vida, si la sientes como un lastre, algo que te complica la vida, es en este capítulo donde encontrarás consejos y ejercicios prácticos que te ayudarán a vivirla como el don que realmente es.

PAS, ¿femenino o masculino?

Antes de que el lector se sumerja en este libro quisiera explicarle que, en muchas ocasiones, usaré las siglas PAS para hacer referencia a Persona Altamente Sensible. A pesar de que, gramaticalmente, a PAS le correspondería el artículo femenino "la"- refiriéndose a la palabra "persona"- he decidido utilizar el PAS. Considero que, en esta ocasión, el masculino genérico – aun tan usado en nuestro idioma- puede resaltar el hecho de que existen tanto mujeres como hombres altamente sensibles, o lo que es lo mismo, el rasgo de alta sensibilidad no hace discriminación de género.

Capítulo 1

¿Qué entendemos por "persona altamente sensible"?

"Nuestra máxima libertad es el derecho y el poder de decidir de qué manera y hasta qué punto alguien o algo exterior a nosotros, nos pueda afectar". Stephen Covey

Es un hecho que existen personas con poca sensibilidad y existen personas con una moderada sensibilidad; estamos hablando de la gran mayoría de la gente. Aparte de eso —y esto está científicamente demostrado— existen personas que son mucho más sensibles que la gran mayoría. Hay también personas que son bastante, incluso muy, sensibles, pero que no son del todo conscientes de ello, ya que su sensibilidad no les causa ningún tipo de problema. Y existen personas que presentan una sensibilidad elevada frente a determinadas cosas o situaciones, y hasta sufren por ello, mientras que frente a otras cosas o situaciones su sensibilidad cae dentro de la, digamos, normalidad. Sería lógico, por tanto, hablar de distintos grados de sensibilidad.

Cuando hablamos de "la persona altamente sensible", sin embargo, generalmente nos referimos a una gran parte de la gente, en concreto de un 15 a un 20 por cien de la población —tanto mujeres como hombres— que se caracteriza por una elevada sensibilidad de su sistema neurosensorial. Esto significa, en concreto, que de cada diez personas hay por lo menos una y posiblemente dos que se sienten más afectadas por un exceso de estímulos sensoriales que la gran mayoría de la gente, tanto en sentido positivo como en sentido negativo. Estas personas se suelen percibir como «raras» o por lo menos «diferentes» porque su manera de percibir la vida no coincide con la opinión general. Vemos, por ejemplo, que se suelen fijar en cosas diferentes, que se cansan relativamente rápido, que suelen tener dificultades en establecer y mantener sus límites, y que suelen pensar profundamente sobre temas vitales y existenciales. Además presentan una elevada sensibilidad en cuanto a ruidos, olores, sabores y a los estados emocionales de la gente que les rodea.

Para obtener una idea sobre si alguien es «PAS», persona altamente sensible, existe, como primera aproximación, el test desarrollado por la doctora Elaine Aron. Uno de los muchos lugares donde puedes encontrar este test es mi web: personasaltamentesensibles.com. Se trata de un test bastante sencillo que consiste en 23 preguntas a las que hay que contestar con «sí» o «no». Muchas veces, sin embargo, la cosa no es tan "blanco" o "negro". Por ejemplo, en la pregunta si te molesta el ruido, primero habría que determinar qué es ruido exactamente, ya que el concepto de "ruido" es totalmente subjetivo. La música que me gusta y que, por tanto, para mí no es "ruido", sí lo es para mis hijos que disfrutan de otro tipo de música; es más, puede que el mismo nivel de decibelios no te moleste para nada en un momento dado, pero que no lo aguantes cuando estás hablando con otra persona, o cuando estás leyendo o meditando. O sea, mi música preferida, la música de la cual disfruto, se convierte en «ruido» en el momento en que tengo que concentrarme para escribir un texto, por ejemplo.

Por lo tanto, el test de Elaine Aron no es suficiente para obtener una imagen clara que pueda asegurar totalmente si alguien es altamente sensible o no. Es solamente una primera indicación. Aunque, en realidad, ningún test daría la completa certeza, sentí la necesidad de desarrollar un test con más opciones de respuesta, introduciendo así la posibilidad de distinguir distintos grados, empezando con nunca, pasando por de vez en cuando para terminar con siempre. Rellenando este test (página 118-119) obtendrás una imagen más clara de tus puntos sensibles. Esto puede ser especialmente interesante para los que acaban de descubrir que son altamente sensibles y para aquellos que su elevada sensibilidad les complica, de algún modo, la vida.

Aparte de estos dos grupos, existen personas altamente sensibles que han sabido encauzar su sensibilidad transformándola en el don que, en el fondo, es. Estas personas han aprendido mucho sobre su forma de ser, sobre cómo piensan, actúan y sienten, y sobre la manera de integrar su sensibilidad, convirtiéndola en una cualidad. Al final y al cabo, la alta sensibilidad es un rasgo bonito, un rasgo muy humano, tierno y amoroso. Para nada su intención es causar sufrimiento.

Volviendo al test de Elaine Aron, daré un ejemplo de la importancia de poder tener en cuenta los matices de las respuestas. Silvia cuenta:

> «Me considero PAS, pero si a mí me preguntaran en este momento si me molesta el ruido, me gustaría poder contestar «a veces». Antes, cuando todavía no sabía nada de la alta sensibilidad o del hecho de ser PAS, los ruidos me molestaban muchísimo más que ahora. Gracias al mayor conocimiento que tengo actualmente sobre la alta sensibilidad y el haber hecho un trabajo de desarrollo personal, sé dónde están mis límites y cómo tengo que cuidarme, dispongo de las herramientas necesarias para evitar que el ruido me haga daño. En mi caso, entonces, sería mucho más realista contestar «a veces», en lugar de un "sí o no"».

El holandés Antoine van Staveren – coach y autor especializado en la alta sensibilidad– distingue entre la persona altamente sensible que sufre a causa de su sensibilidad y la persona altamente sensible que ha sabido encauzar su sensibilidad. Al PAS que sufre lo llama «altamente sentimental», ya que en su caso, el sentimiento, la emoción que siente es consecuencia de un exceso de información, y se traduce en un sentimiento negativo, en un sentimiento de dolor.

Aunque solemos utilizar el adjetivo «sentimental» para personas excesivamente románticas, está claro que en el fondo tiene que ver todo con la vivencia de los sentimientos, con el sentir. El diccionario también define persona «sentimental» como persona que se emociona fácilmente y se deja llevar.

«Sensibilidad» evidentemente tiene que ver con sentidos. Una persona altamente sensible, un «PAS», se caracteriza por una mayor sensibilidad de sus sentidos. Se podría decir que tiene los sentidos más desarrollados. Personalmente me gusta decir que este tipo de persona tiene los sentidos más «afinados», que presenta una mayor sensibilidad del sistema neurosensorial y que por lo tanto recibe muchísima más información que la persona no altamente sensible, o sea, la persona con una sensibilidad media.

Tamiz

Para poder entender lo de «tener los sentidos más afinados», podrías pensar en un tamiz. Toda la información que nos llega como seres humanos la recibimos a través de los sentidos y luego es almacenada en el cerebro. Puedes imaginarte el "almacén" como un archivo enorme con cajones para cada tipo de información. Así que hay cajones para, por ejemplo, "colores" o "flores", y cada cajón dispone de carpetas, como "rojo", "azul", "verde", etcétera, en el caso de "colores", o "rosas", "margaritas", "tulipanes", etcétera, en el caso de "flores". La información, antes de ser almacenada y puesta en las carpetas, pasa por un "tamiz" que la filtra para poder mandarla a los cajones y carpetas correspondientes. Lo que ocurre es que el tamiz de los PAS se caracteriza por sus aperturas muy, muy finas, mientras que la persona, digamos, no-PAS dispone de un tamiz con aperturas más grandes. O, dicho de otra manera, los PAS tienen un filtro con muchísimas más aperturas que los no-PAS, y aunque la cantidad de cajones puede ser igual en ambos, la totalidad de carpetas y subcarpetas es muchísimo mayor.

En la práctica esto significa que los sentidos de este tipo de persona son más sensibles y reciben más información en el mismo espacio de tiempo que los sentidos de una persona menos sensible. Podemos decir, por lo tanto, que el PAS huele, ve, oye, escucha y siente más de lo que es considerado "normal".

Un ejemplo:

> Cuando una persona altamente sensible ve una rosa es probable que no solamente vea "una flor", sino que, en seguida, se da cuenta de que se trata de una rosa con un color rojo intenso en sus   pétalos y en su interior tiende hacia un rosa pálido. Además, los mismos pétalos tienen cierta cualidad aterciopelada. La flor emite un ligero perfume dulce y agradable, mientras que el tallo que tiene entre los dedos es un poco rugoso y con pinchos. Y ... cerca hay un mirlo cantando.

Si volvemos un momento a la imagen del tamiz, del archivo con sus cajones, carpetas y subcarpetas, vemos como la información que pasa por las aperturas de la finísima red llega a los cajones de "flores", "colores", "pétalos" y "tallos", donde para en la carpeta "rosas" y en las subcarpetas de "rojo tendiendo a rosa", "aterciopelado" y "rugoso con pinchos".

Y casi simultáneamente tenemos que archivar «el canto del mirlo» con todos sus matices.

Otro ejemplo:

> Eres PAS y os han invitado, a ti y a tu pareja no-PAS, a tomar algo en casa de unos amigos. Es la primera vez que vais a su casa.
>
> Tu pareja entra en el salón, ve el sofá, en el cual hay sitio para

sentarse, se dirige hacia él y se sienta. Punto.
Ahora entras tú:

Lo primero que captas es el ambiente del salón, digamos, su
tono emocional (cálido y acogedor, o bien frío y minimalista,
o bien moderno e impersonal, etcétera).

Esto te produce un sentimiento (a gusto, relajado, tenso,
etcétera) dependiendo del, digamos, color emocional que
estás captando.

Luego registras un sinfín de detalles: perfume, colores, la
disposición de muebles, los cuadros (de los cuales uno está un
pelín torcido), el tipo de pliegue de las cortinas, la luz, las
flores (tipo, color, fragancia, si son frescas, del jardín o
compradas), notas los libros en la estantería, fotos, objetos
de decoración, un vecino que tiene puesta una música que
conoces y que en seguida te trae recuerdos de una situación
vivida en el pasado… y mucho más, y todo esto lo absorbes
en tres, cuatro segundos.

A continuación, miras dónde te podrías sentar y dónde te
sentirías más cómodo/a, a su vez teniendo en cuenta los
sitios preferidos de los anfitriones… Puede ser que les
preguntes dónde te puedes sentar, o eliges por intuición.

Finalmente te sientas…….. Uf.

Bien. Date cuenta de todo lo que ha pasado:
La persona a la que llamamos no-Pas, se ha fijado en una, dos, bueno,
digamos tres cosas, y lo más probable es que ninguna de estas tres
cosas le hayan afectado emocionalmente.

En prácticamente el mismo espacio de tiempo, tú habrás registrado y
almacenado… cuántas… ¿cien? cosas, mientras que te hayan surgido

preguntas y hayas tenido recuerdos y reacciones emocionales. Ya has hecho un trabajo enorme, y la tarde aún está por empezar....

Esta diferencia en la manera de percibir el mundo nos dice mucho sobre el rasgo de la alta sensibilidad. Nos damos cuenta de muchísimos detalles, y muchos de estos detalles nos afectan emocionalmente.

Los ejemplos que acabo de dar son relativamente inocentes, pero no va de más imaginarte cómo al PAS le pueden afectar escenas violentas en la tele, en el cine o en la realidad de la vida misma. Escenas de maltrato de animales y, por supuesto a personas, puede –dependiendo de la manera en que haya asimilado la alta sensibilidad– afectarle al PAS hasta causarle vómitos o desmayos.

Resumiendo, podemos decir entonces, que la persona altamente sensible tiene los sentidos más sensibilizados que la persona que tiene una sensibilidad "normal".

El hecho que el PAS reciba tanta información a la vez puede ser agradable, ya que en el caso de la rosa y del mirlo del primer ejemplo, su capacidad de disfrutar de la bella flor y del melodioso canto del pájaro será más grande que la capacidad de disfrutar de una persona menos sensible. Pero también es verdad que si el PAS se encuentra en una concurrida calle de una ciudad multitudinaria, es muy probable que la gran cantidad de información sensorial que le va llegando le canse relativamente rápido, hasta podría llegar a producirle un estado de agobio.

La persona altamente sensible puede sentirse abrumada por un exceso de información sensorial. Si este es el caso, y si no sabe cómo actuar frente al intenso bombardeo de datos superfluos, es más que probable que, en un breve espacio de tiempo, empiece a sentirse agotada y nerviosa, incluso, podría sufrir un ataque de ansiedad. Su reacción natural y automática será la de retirarse a un lugar tranquilo.

Lo ideal sería ser PAS y no sentirte afectado/a por la sobrecarga de estímulos sensoriales. Este es el caso si, como PAS, entiendes cómo funciona tu elevada sensibilidad y has aprendido a quedarte en tu centro. Es un hecho, sin embargo, que la mayoría de los PAS sí se sienten afectados en mayor o menor medida, algo que puede vacilar entre cierto grado de molestia hasta llegar a tener ataques de agobio o pánico.

Los sentidos en la Persona Altamente Sensible

Los ruidos

Hay muchas cosas por las cuales una persona altamente sensible se puede ver afectada en mayor o menor medida. Ya mencionamos los ruidos. Ruidos fuertes y continuos –por ejemplo si están haciendo obras en casa de un vecino– al PAS le pueden poner muy nervioso/a. Hay sonidos especiales, como las sirenas y "la uña, o la tiza, chirriando en la pizarra" que nos ponen la piel de gallina. En general, son los sonidos altos y penetrantes los que molestan al PAS. Tengo constancia de que hay PAS que "no aguantan" cierto tipo de voz; varios clientes míos han expresado cierta aversión hacia determinadas voces estridentes de algunas personas que hablan por la tele.

También, en cuanto a ruidos, es muy típico para un PAS asustarse con facilidad en caso de un portazo o de fuegos artificiales. Si los ruidos realmente te molestan, tendrás la sensación de que no existe ningún tipo de protección entre tú y el ruido, como si no tuvieras piel para parar el efecto. Y ni siquiera hace falta que el ruido sea un ruido fuerte, porque Claudia, una de mis clientas, solamente tiene relojes digitales en su casa, visto que no aguanta el tic-tac del precioso reloj antiguo que heredó de su abuelo.

Es probable que te cueste poco identificarte con Claudia, pero también es posible que seas PAS y no tengas ningún problema con los ruidos, los notas pero ni te afectan ni te producen ningún tipo de irritación o malestar. Sabes mantenerlos "fuera" de tu sistema y, como no les prestas atención, automáticamente llegan a ocupar un lugar en el fondo.

No todo el sonido es ruido, y no olvidemos que los sonidos también pueden afectarnos de una manera positiva. Ya he mencionado el canto del mirlo. El melodioso canto de los pájaros, como el mirlo o el ruiseñor, nos suele aportar alegría y una sensación de expansión. No es raro para un PAS emocionarse profundamente con este tipo de «música natural». Y si, como la mayoría de los PAS, tienes alguna orientación espiritual, te puede pasar que si realmente paras unos momentos para escuchar concentradamente el precioso canto del mirlo, entras automáticamente en un estado meditativo a través del cual experimentas la conexión con el mundo espiritual. Lo mismo te puede pasar con cierto tipo de música, como —en mi caso— el concierto de violín de Beethoven y determinadas obras de Bach o de Arvo Pärt. Las preferencias son individuales, y seguramente tendrás más que comprobado qué tipo de música y qué instrumento te conmueve. En el mejor de los casos sabrás tocar un instrumento, algo que, para una persona altamente sensible, es como un verdadero bálsamo para el alma. La música, como el arte en general, es una de las cosas que a los PAS nos conviene para cargar nuestras pilas.

Olores

En cuanto a los olores os confieso que a mí me llegaron a llamar "María Olores". Como casi todos los PAS, suelo detectar olores de todo tipo mucho antes que la mayoría de la gente. Los malos olores me afectaban de tal manera que me producían malestar y los buenos me ponían - y me siguen poniendo- de buen humor. Evidentemente, "bueno" y "malo" son conceptos subjetivos, por lo tanto la vivencia de los olores es diferente para cada persona, puesto que cada uno tenemos nuestros gustos y preferencias.

Suelo viajar bastante en avión y a veces me toca sentarme al lado de la típica señora que se ha probado en el el taxfree del aeropuerto los distintos perfumes y colonias. Hace unos años atrás no aguantaba los olores sintéticos y, a pesar de que actualmente no llego a ese extremo, sí confieso que todavía me producen cierta sensibilidad en la garganta y dolor de cabeza. El problema es que no hay más remedio que aceptar a la vecina de vuelo. La buena noticia es que después de algún tiempo el sentido del olfato se satura de un determinado olor y ya no "huele" más. Otra buena noticia es que los taxfree de los aeropuertos tampoco se pueden escapar de la crisis actual, así que ya no se encuentra tanto tester disponible como antes.

En cuanto a los típicos olores que le suelen molestar al PAS podemos pensar también en olores corporales. Conozco a PAS que han tenido problemas en el trabajo porque estaban trabajando cerca de colegas que no olían bien. Y claro, en relaciones sentimentales e íntimas esto también puede ser un motivo para situaciones complicadas.

Pensemos un momento en olores agradables como, por ejemplo, en perfumes y aromas naturales. Según lo que he escuchado de mis clientes, parece ser que los PAS tenemos preferencias comunes: el olor mojado de la tierra después de la lluvia, el aroma fresco de hierba recién cortada, la fragancia de muchas flores, y especialmente el perfume de la rosa, el jazmín y la lavanda. Curiosamente, si la fragancia de una flor es demasiado fuerte, como es el caso del galán de noche, el nardo o la azucena, pasado un rato ese aroma puede empezar a molestar. Y, a pesar de la peculiaridad del sentido del olfato para "dejar de oler" el mismo perfume después de un tiempo, nos puede llegar a dar dolor de cabeza.

Para la persona altamente sensible la aromaterapia (que se basa en las esencias naturales) es un tipo de terapia muy apta.

Piel sensible y dolor

Si eres PAS, casi seguro que te molestan las etiquetas de la ropa. La gran mayoría de las personas altamente sensibles notan su sensibilidad hasta en su piel. El continuo frotar de ese pequeño trozo de tela más o menos dura, muchas veces incluso cosida con un hilo de nylon, puede llegar a producir una sensación de auténtico dolor. La piel es el órgano más grande de nuestro cuerpo y en toda su superficie se encuentra el sentido del tacto. No solamente son las etiquetas que duelen, sino todas las cosas que rozan la piel pueden llegar a producir sensaciones muy desagradables. Yo, personalmente, no podía dormir cuando había arena (por muy poca que fuera) en la cama. También sé de algunos PAS que me han comentado que a veces, en los casos de mucha estimulación, incluso una caricia puede ser percibida como algo molesto.

> Cuando tenía unos cinco años, mi madre me llevaba a clases de natación. Como sabéis, soy holandesa, y Holanda es un país con mucha agua. Ámsterdam, la ciudad donde nací y donde pasé la primera parte de mi vida, tiene un gran número de canales, así que para los holandeses lo más normal es aprender a nadar cuanto antes. En fin, las clases de natación se daban muy por la mañana en una piscina a unos kilómetros de nuestra casa. Mi madre y yo nos levantábamos sobre las cinco y media para poder coger el tranvía de las seis y pico. Para ahorrar tiempo mi madre ya me ponía el traje de baño en casa. Lo que pasa es que no era un traje de baño cualquiera. Ella misma me lo había hecho a punto con todo su amor y cariño, pero... lo había hecho con un tejido de lana. La lana de ese traje de baño me picaba hasta volverme loca, incluso hasta dolerme. No podía parar de rascarme, mientras que ella – una no-PAS – no enten día nada y me reñía... «Mamá, ¡me pica!», «Niña, deja de rascarte. No pica. Son tonterías.» Y si eres PAS y también has tenido que llevar un bañador o ropa

interior de lana, seguro que me entiendes perfectamente y sabrás que, de verdad, ¡no eran tonterías, en absoluto!

En cuanto al dolor, vemos que generalmente los PAS tienen el umbral más bien bajo. Dicho de otra manera: algo que para una persona no-PAS simplemente sería una molestia, para un PAS puede ser algo que duela de verdad. Vamos, muchos de nosotros nos quejamos antes que la mayoría y es por eso que muchas veces nos tachan de "quejicas". Lo que conviene tener en cuenta, creo, es saber que nuestra queja no es ningún capricho. La percepción del dolor es algo muy personal, y es completamente real para la persona que lo siente. Que tu hermano, padre, madre, pareja, hijo o quien sea, no lo sienta no quiere decir otra cosa que la otra persona tiene el umbral del dolor más alto que tú. Ni más, ni menos. No hagas caso ni te sientas mal si a ti te duele algo y te dicen cosas como: « ¡Qué va!, ¡Esto no duele!» Si te duele, te duele.

Ahora, hay maneras distintas en las que uno puede vivir con el dolor. El dolor te puede afectar tanto que ya no eres capaz de pensar en otra cosa, o puedes haber desarrollado la capacidad de aceptarlo hasta el punto que sabes que está allí, pero no te paraliza ni te domina.

Es un hecho que la mayoría de los PAS tiene la piel muy fina y muy sensible. Esto también — como no — tiene un lado positivo. Las caricias - ¡y los masajes! - no solamente pueden llegar a molestar, sino que, evidentemente, nos pueden gustar muchísimo. Nos podemos entregar y relajar si la persona que nos acaricia sabe cómo hacerlo y cuáles son los puntos o zonas a evitar. Creo que es importante comprender esto e investigar con tu pareja. He oído a mujeres y hombres PAS que creen que las relaciones no son para ellos ya que con el contacto físico experimentan sensaciones desagradables y se irritan. Es muy probable que se trate de zonas específicas que, sabiendo cuáles son, se puedan evitar. Puede ser tan simple.

Luces que molestan

Otra cosa por la cual la persona altamente sensible se puede sentir molesta, son las luces fuertes como los focos. Pueden llegar a producir una desagradable sensación física, incluso llegar a doler. Otros tipos de luz, como los fluorescentes, nos pueden poner nerviosos o chupar nuestras fuerzas, especialmente cuando nuestro espacio laboral está iluminado por tubos fluorescentes y aún más si somos conscientes del continuo zumbido de la resistencia que llevan incorporado. Dice Lou respecto a este tipo de luces: «A mí las luces de los supermercado y centros comerciales me llegaron a provocar mareos y aceleraban mi ansiedad». Y Mar comenta: «Esas luces y esos "ruidos", imperceptibles para otros, pueden hacerme perder el control… me desestabilizan. A diferencia de muchos, cuando me toca estar en un ambiente con luces fluorescentes mi vista se torna opaca, como si me cegara, y el sonidito me irrita bastante…»

De la misma manera, se puede decir que a muchos PAS no les gusta conducir de noche. Las luces de los coches que nos vienen del sentido contrario nos pueden producir una especie de ceguera temporal, sobre todo si nos vemos deslumbrados por las luces "largas". Parece ser que el PAS necesita más tiempo para recuperar la vista afectada por las fuertes luces que la persona no-PAS.

Entre los PAS que conozco, hay quienes prefieren trabajar con mucha luz, sin embargo, la mayoría prefiere estar con menos luz y trabajar con la luz natural que haya.

> Recuerdo un taller que di para PAS. Era por la tarde y empezábamos con luz de día; después de unas horas comenzaba a   oscurecer. Curiosamente nadie se sintió llamado a encender la luz, y la verdad es que tampoco era necesario porque no estábamos usando la pizarra ni leyendo ningún texto, solamente estábamos hablando. De repente alguien dijo: « ¡Qué bien es esto de estar con un grupo de personas

altamente sensibles, qué gusto!, ¡Y cómo se nota!, ¿Os habéis fijado que nadie se ha levantado para encender la luz?»

Ya hemos dado un pequeño repaso por cuatro de nuestros sentidos... Oído, olfato, tacto y vista. Sigo con el sentido del gusto, que, a mi parecer, es un sentido muy complejo y, por lo tanto, muy interesante, especialmente para las personas altamente sensibles. Veréis...

El gusto

El gusto es un sentido especialmente interesante ya que en realidad es mucho más amplio de lo que normalmente pensamos. Y justamente por ser un sentido tan extenso y que, en muchos casos, tiene una estrecha relación con el mundo emocional, es un sentido con un interés especial para la persona altamente sensible.

Entonces, ¿en qué temas solemos pensar cuando hablamos del sentido del gusto? En primer lugar pensamos en la comida, en el hecho de si alguna comida, o algún sabor, te gusta o no. Pero estas preferencias pueden indicar mucho más de lo que creemos...

Conozco a PAS que se ponen enfermos solamente de pensar que tienen que comer pescado, y sé de otros a quienes la idea del brécol o de las endivias es suficiente para sentir un profundo rechazo. Lo sienten porque saben, intuyen, que ese tipo de comida no les conviene. Que su organismo no lo necesita. Por cierto, si eres padre o madre de un niño PAS y tu niño se niega a comer algo, no insistas. Es totalmente contraproducente. Si crees que conviene que el niño sí se lo coma, es mejor intentar "disfrazar" cierto tipo de comida, así te darás cuenta si el rechazo es un tema serio, ligado a la intuición de tu hijo, o si, en realidad se trata de un capricho.

También hay muchas personas altamente sensibles que saben detectar si la comida que tienen delante es fresca y sana, o no. A veces las circunstancias y los buenos modales te obligan a comer algo que ya sabes de antemano que te va a sentar mal. «Histerismos», nos dicen. Y aunque para la persona no-PAS sería una cosa exagerada, para la persona altamente sensible es una realidad, una intuición para hacer caso.

En este contexto conviene hablar de la gran sensibilidad a la cafeína que tienen muchos PAS. La cafeína es una sustancia estimulante, y como la persona altamente sensible por lo general ya experimenta un exceso de estímulos, conviene dar preferencia a bebidas y alimentos que tengan un efecto calmante o relajante.

Hay algo de especial en la manera como el organismo de la persona altamente sensible recibe sus nutrientes. Si vienes leyendo desde el principio, quizás no te extrañe si te digo que el PAS se "relaciona" con su comida. Me explico, le afecta el aspecto y el aroma de la comida, probablemente se dé cuenta también de si la ensalada (o lo que sea que esté comiendo) ha sido preparada con cariño, con amor y, en caso de que la persona sea muy intuitiva, puede que incluso note si la materia prima ha sido cultivada de manera ecológica.

> Personalmente siento un rechazo enorme hacia ese "pan" que venden en supermercados y que se puede conservar durante semanas. Para mí eso no es pan, sé que no solo no me nutre, sino que incluso es dañino para mi organismo. De hecho, cada vez es más difícil encontrar pan de verdad, y conozco más de un PAS que hace su propio pan en casa.

Hay que tener en cuenta que el organismo de un PAS suele ser un organismo sensible. No es una coincidencia que muchos PAS sufran de alergias de todo tipo, asma, eccemas... y también del llamado intestino irritable. Enfermedades de este tipo son típicas para las personas altamente sensibles.

Hemos hablado del gusto en relación con la comida, pero el gusto es algo mucho más amplio. Todos conocemos expresiones que, en principio, tienen que ver con la comida pero que han cobrado un sentido mucho más extenso, mucho más emocional. Por ejemplo, algunas situaciones te pueden dejar «mal sabor de boca o un sabor amargo», sin embargo, en otros momentos quisieras continuar con algo y entonces «te sabe a poco». Así pues, utilizamos el sentido del gusto en referencia a muchas cosas que no tienen que ver con comida. Nos gustan, por ejemplo: determinadas circunstancias, entornos, estilos de vestir... Incluso hablamos de personas que nos gustan o que no nos gustan.

El gusto y el estado emocional: simpatía, antipatía.

¿Qué pasa pues con el sentido del gusto? Está claro que el hecho de que te guste o no te guste algo en sí, está muy ligado a un estado emocional. Si algo te gusta mucho te sientes identificado con ese algo. Te produce un estado agradable, alegre y optimista. Si, por el contrario, no te gusta, puedes llegar a sentir un fuerte rechazo. Te produce un estado de malestar, tristeza o negativismo. Se podría decir que hay cosas con las que te sientes en sintonía y otras con las que no.

Cuando a un PAS le gusta alguien, siente una fuerte simpatía hacia esa persona, tiene una fuerte tendencia a fundirse con ese otro, hasta el punto de olvidarse de sí mismo y llegar a vivir para esa otra persona. Experimenta una entrega en cuerpo, alma y espíritu, haciendo todo lo que pueda para conseguir que el objeto de su simpatía sea feliz. Lo que ocurre es que, si la simpatía es muy fuerte, se genera un entusiasmo, un fuego interior, que, a la larga, hace que te quemes o que se queme la persona por la que se siente tanta simpatía. Una fuerte simpatía puede llevar a una dependencia. No solo la dependencia hacia personas es un tema que tiene que ver con la relación que existe entre la alta sensibilidad y el gusto, sino que también se puede llegar a depender de sustancias o de actividades.

Algo que no gusta produce, en mayor o menor medida, una antipatía.

Un grado más elevado de antipatía es la aversión, y cuando la aversión es fuerte uno siente puro rechazo. El rechazo finalmente puede desbordarse en un sentimiento de odio hacia algo o alguien.

Por lo tanto, para concluir, se puede decir que el sentido del gusto es efectivamente muy amplio y conlleva un fuerte componente emocional.

Sutilidades en el ambiente

Vuelvo al ejemplo de antes, a la pequeña historia de la persona altamente sensible que entra en un espacio, un salón. ¿Recordáis la situación que describí? Empezó así:

> Entras en el salón y lo primero que captas es el ambiente, digamos, su tono emocional… puede ser un ambiente cálido y acogedor, frío y minimalista o moderno e impersonal, etcétera. Esto te produce un sentimiento: te sientes a gusto, relajado, tenso… dependiendo del, digamos, color emocional que vas captando.

Aquí vemos otro aspecto del sentido del gusto. En realidad se puede decir que interviene siempre, en todo lo que nos pasa. Cada impresión que recibimos, sea visual, auditiva o táctil, también pasa por el "filtro" del sentido del gusto. Algo me gusta o no me gusta. Me produce un sentimiento de simpatía o me produce un sentimiento de antipatía. Me atrae o siento rechazo. Estos sentimientos nos sobrevienen sin que normalmente seamos conscientes de ello.

Si vuelvo al ejemplo del salón, podemos decir que: si te identificas con la decoración, si es de tu gusto, te sientes bien y te relajas. Y si la decoración no te gusta, pueden pasar varias cosas. Por ejemplo, puede pasar que simplemente registres el hecho de que la decoración no coincide con tu gusto y no sientas nada en especial, pero también puede ser que te sientas tan afectado por el no me gusta que te bloquees y que tengas que hacer un esfuerzo para no quedarte paralizado por la negatividad. Si esto te pasa, te será muy difícil poder prestar atención a otras cosas, por ejemplo, a la persona que te está hablando. Esto en cuanto a la emoción que te puede producir la decoración de un determinado espacio. Pero un entorno te puede afectar de más maneras:

Imagínate que esos amigos que os han invitado se han peleado antes de abriros la puerta. Se han peleado en ese mismo salón donde vais a entrar. Muchas de las personas altamente sensibles tienen una capacidad de percibir los "restos" de una pelea, igual que suelen tener "antenas" para poder captar el malestar alrededor de la gente que acaba de tener una discusión. Y esta percepción ya no tiene que ver con el sentido del gusto, pero se podría decir que aquí se trata de un cierto aspecto del tacto, un tacto intuitivo. De la misma manera, "sabemos", por ejemplo, si alguien se encuentra mal física o emocionalmente, o si está cansado o si le duele la cabeza.

La pregunta es, si perteneces al gran grupo de personas altamente sensibles que percibe este tipo de energía sutil, ¿qué haces con la información que te va llegando?, ¿te afecta pero eres capaz de ignorarla?, ¿te hace sentir incómodo?, ¿sientes que el malestar de otras personas te «come» tu propia energía?

Puedes reaccionar de muchas maneras, dependiendo de tu grado de sensibilidad, pero también dependiendo del trabajo personal que hayas hecho. Puede ser que acabes asimilando el dolor y sufriendo las penas de las personas (o de los animales y de las plantas) que tengas delante. Otra variante es que, de entrada, no percibas nada de este tipo de señales sutiles hasta que la otra persona te cuente sobre su malestar y, en lugar de absorberlo, te pase que entonces se despierte en ti la capacidad de escuchar y de actuar desde la empatía y desde la compasión.

Ya lo he dicho antes y lo repito: la alta sensibilidad es un rasgo que a cada uno le afecta de una manera personal y en dependencia a determinadas circunstancias. No hay reglas. Todos somos diferentes en cuanto al grado de nuestra sensibilidad y en cuanto al grado en que sepamos procesar y almacenar una serie de estímulos. Lo que a uno no le afecta demasiado, al otro le puede producir una sensación desagradable, mientras que al tercero le puede llegar a bloquear.

La sensibilidad del PAS ante determinadas situaciones.

Hay muchas más cosas que a los PAS les pueden afectar en mayor o menor medida. Desde mi experiencia como coach trabajando con personas altamente sensibles, a menudo surgen temas que el cliente tiene asumido como pertenecientes a su «rareza», algo que le clasifica como «bicho raro». Cuando se dan cuenta de que esos temas son típicos en los PAS y que, por lo tanto, no son «tonterías», de repente no solamente resultan mucho más fáciles de aceptar, sino que cobran un estatus diferente que permite al cliente observarlo y trabajarlo.

Prestar ayuda.

Ves a una persona que necesita ayuda y sin pensarlo, incluso sin que esa persona te haya pedido asistencia, estás ya ayudándola, quitándole trabajo y dándole buenos consejos. ¿Te suena? Te vuelcas en prestar cualquier tipo de ayuda a esa otra persona, a pesar de que, en realidad, no tengas tiempo para ello y de que, a lo mejor, signifique dejar de hacer cosas que posiblemente para ti sean más importantes. Cuando Carlos vino para hacer un trayecto de coaching conmigo, comentó:

> «Me gusta ver a todo el mundo contento. Pero luego también me gusta que me agradezcan y reconozcan mis esfuerzos, aunque me cuesta admitirlo y sé muy bien que lo correcto sería ayudar sin esperar algo a cambio. Y, sí, también es

verdad que prefiero más hacer algo para otros que para mí mismo, porque me es importante que se den cuenta de que soy buena persona y merezco la amistad de las personas en las que invierto mi energía y tiempo. No soportaría que me tachasen de egoísta. A veces, cuando noto que me estoy agotando, también reparo en que debería mirar más por mí y cuidarme más. Estoy buscando maneras de ser menos impulsivo, de no siempre lanzarme indiscriminadamente a estar al servicio de los otros, sino de hacerme más fuerte y de establecer mis límites. Necesito aprender a decir "no" y no sentirme culpable por ello.»

El panorama que pinta Carlos es muy típico para muchas personas altamente sensibles. En las sesiones que tuvimos hemos investigado las necesidades de Carlos y hemos trabajado su autoestima. Se dio cuenta de que, en realidad, vivía fuera de su centro, regalando sus fuerzas a otras personas, lo cual le proporcionaba una especie de excusa para no mirarse a sí mismo e investigar la forma de crecer como persona. Necesitaba descubrir quién era, quién es, cómo quererse y auto-valorarse. Llegó a ver que ayudar a otros, de la manera en la que lo hacía, era una especie de huida. Ahora dice:

«Sigo ayudando a la gente que necesita que alguien les eche un cable, pero ya no actúo sin pensar y volcándome en una necesidad que a veces ni siquiera existe realmente. He ganado la capacidad de amarme a mí mismo y desde allí amar al prójimo. Ahora, cuando ayudo a alguien lo hago desde ese estado de compasión, no desde la necesidad de que me devuelvan cariño, admiración o amistad. Ahora, también siento esa compasión hacia mí mismo, lo que me permite decir que no puedo cuando me piden ayuda y sé que en ese momento necesito descansar. Ya no busco la aprobación de nadie para saber que valgo como persona, como ser humano.»

Hambre

Antes de saber de la alta sensibilidad, nunca se me habría ocurrido que algo tan aparentemente inocuo como saltarse una comida, por el motivo que sea, podía tener tanta repercusión en mi estado de ánimo. Claro, me había dado cuenta de que, a veces, mi humor, mi buen humor, podía cambiar en cuestión de pocos minutos a un estado de crispación y de una falta absoluta de paciencia con el mundo, e incluso conmigo mismo. Nunca lo había entendido y es más, no lo podía corregir. Lo vivía como si un "algo" se hubiera apoderado de mí y mandara en mi humor. Malo para mí, malo para las personas en mi entorno.

Ahora sé, y lo tengo muy comprobado en mi misma y en muchos de mis clientes, que tener el estómago vacío, o dicho de otra manera, tener bajo el nivel de glucosa en sangre, pasa factura a muchos de los PAS. Crispación, pérdida de concentración, e incluso dolor de cabeza, son fenómenos que muchos conocen.

Entonces, es evidente que debemos aprender a escuchar las señales de nuestro cuerpo y saber relacionar un repentino cambio de humor con la necesidad de ingerir algo de comida para que vuelva a subir el nivel de glucosa en la sangre.

Dormir

La dificultad para conciliar el sueño es una de las posibles y diversas consecuencias del estrés. Tal vez te pasa que, en lugar de relajarte y conciliar el sueño, empiezas a preocuparte sin motivo aparente y a pensar, sobre todo, en cosas y situaciones que pueden acabar mal, es decir, empiezas a montarte películas de negatividad que aumentan tu preocupación.

Puede que duermas mal porque estés estresado, o quizás te llegues a estresar porque duermas mal o poco, es el pez que se muerde la cola.

El tiempo no te ha bastado para procesar toda la información recibida durante el día y, encima, durante la noche ya te estás cargando con nueva información, aunque ficticia: la información de tus "películas", de tus fantasías, de tus proyecciones y de tus miedos. Con esto es posible que vayas entrando en una espiral de preocupación de la cual es difícil salir.

La cuestión es que, para la mayoría de los PAS, dormir lo suficiente – ocho horas como mínimo - es tan importante como lo es comer y beber. La persona altamente sensible que no duerme lo suficiente no solamente puede llegar a tener problemas de concentración, sino que, al día siguiente, generalmente llevará sus emociones mucho más a flor de piel que de costumbre. Dicho de otro modo, dormir poco a muchos PAS les hace más propensos a llorar, a un comportamiento reactivo, a cometer errores, a olvidarse de cosas y finalmente al estrés.

No todos los PAS se pierden en una espiral de preocupación cuando les cuesta dormir, y no todos los PAS tienen un día difícil después de una noche demasiado corta. Hay personas altamente sensibles que han aprendido a relajarse aunque no duerman, descansando y no perdiéndose en preocupaciones más bien irreales. De la misma manera, hay PAS que aguantan una o dos noches de pocas horas de sueño sin que esto les cause problemas de estrés. Es decir, puedes ser PAS y no tener problemas de sueño.

El estrés, ¿cómo te afecta?

Es evidente que todo el mundo está expuesto a situaciones que le pueden generar estrés. Antes que nada, es importante mencionar que la sensación de estrés surge cuando estamos recibiendo más estimulación sensorial de la que somos capaces de procesar. Cuando llega ese punto, nuestro cuerpo nos indica que necesita desconectar y descansar; para avisarnos emite unas señales que, según tu grado de sensibilidad, pueden ser, por ejemplo, un sentimiento de irritación y crispación, dolor de cabeza, cansancio profundo, estreñimiento o diarrea. Cada uno, cada cuerpo, tiene su propia manera de reaccionar y el punto de saturación es distinto para cada persona.

Claramente el estrés es algo universal, sin embargo el PAS tiene mayor propensión a sufrirlo porque, como consecuencia de su sensibilidad, recibe una mayor estimulación sensorial, un continuo bombardeo de impulsos que provoca, generalmente, que se sature mucho antes de lo que lo haría una persona con una sensibilidad, digamos, normal.

Se puede decir que existe una estrecha relación entre: las características de la alta sensibilidad, la manera en la que experimentamos el mundo y los límites que sepamos poner entre ese mundo y nosotros. Dicho de otra manera, la forma en la cual el PAS experimenta la vida depende mucho de la medida en que la permita entrar el continuo bombardeo de impulsos, de su capacidad de reconocer que esto ocurre, y de frenarlo.

Más adelante, en el capítulo 3, volvemos a hablar sobre el tema del estrés, un tema que para los PAS es extremamente importante tener en cuenta.

Días de mucho trabajo

Hay días en los que se te acumulan las obligaciones y tareas en general. El teléfono no para de sonar, uno tras otro te piden favores, los niños necesitan transporte para ir a una competición o a una fiesta de cumpleaños, tu compañero de trabajo se pone enfermo… vamos, todo se te junta. ¿Cómo te sientes en situaciones de este tipo?, ¿sabes aguantar, a pesar de que vayas notando que estás perdiendo energía?, ¿notas que el exceso de estímulos te está produciendo una sensación de crispación tan grande que tienes la creciente necesidad de desconectar el teléfono, de salir corriendo y de desaparecer?, ¿buscas un sitio tranquilo y oscuro para calmarte, aislándote de todo el ajetreo?

También es posible que tengas la capacidad de escuchar las señales de tu cuerpo y sepas parar a tiempo, tomando pequeñas pausas para retomar el contacto con tu centro. Te cansas, claro, porque un día con muchos estímulos exige mucho de tus fuerzas, pero sabes que es un día y que luego te toca descansar. Evidentemente, esta sería la situación ideal.

A veces, estos días sobrecargados son la consecuencia de haber ido aplazando tareas hasta el último minuto. Muchos PAS tienen dificultad para planificar el tiempo, especialmente cuando se trata de ciertas tareas que no gustan. «Mañana» no solo es un concepto español, también es un concepto PAS. Frases como «Tengo que...» o «Tendría que...» suelen ir acompañadas de un sentimiento de creciente resistencia y así «mañana» nunca llega. El número de tareas a realizar va en crescendo, igual que el desagradable y paralizante sentimiento de culpabilidad. La creciente tensión interior te impide descansar y desconectar por completo, y las tareas no se realizan hasta que alguna exigencia exterior te obliga a cumplirlas en el último momento. Hacer las cosas en el último momento suele significar que las haces mal y con prisas, y si encima eres un PAS con tendencia al perfeccionismo es probable que pases un muy mal rato.

Menos mal que también hay personas altamente sensibles que, a pesar de su tendencia a aplazar, han ganado la capacidad de planificar con calma y con suficiente tiempo. Si organizas bien tu agenda puedes incluir momentos para desconectar, para hacer alguna que otra actividad artística o deportiva, ya que son este tipo de actividades las que el PAS necesita para alimentar el alma.

La obligación de tener que hacer mucho en poco tiempo

Es viernes, estás en tu trabajo y falta una hora para que se cierre la oficina y empiece tu añorado fin de semana. Viene tu jefe y te dice que, antes de que te vayas, tienes que elaborar y enviar un informe de dos folios. Sí o sí. ¿Cómo reaccionas?

Si perteneces a ese grupo de PAS a quienes les importa muchísimo el detalle, es posible que en seguida te agobies. Tienes muy claro que una hora no te basta, lo sabes. A lo mejor ni dos. Bueno, si fueras menos perfeccionista, quizás. Encima le tienes mucho respeto al jefe, y cuando él te dice que «tienes que…» para ti es ley. Te lo sueles tomar como un deber. El agobio hace que se te suba el nivel de adrenalina en sangre y entres en un estado estresante. El estrés a veces te ayuda a trabajar más rápido y con más concentración, pero otras veces también te bloquea y en seguida te produce un cansancio tremendo.

Puede que, aunque formes parte de ese grupo de los amantes del detalle, hayas aprendido a reconocer bien a tiempo las señales del estrés y sabes qué te conviene hacer para relajarte. Probablemente la experiencia y la vida misma te hayan enseñado que eres humano y no eres superman o superwoman. A pesar de que tienes respeto a tu jefe, eres capaz de explicarle con calma que una hora no te es suficiente si quiere un trabajo bien hecho.

Muchos PAS también tienen una profunda aversión contra la obligación impuesta. Frases que empiezan con «Debes/tienes que» les producen cierto malestar y pueden despertar sentimientos de profunda resistencia. Generalmente basta tomar conciencia del simple hecho que, aunque a veces no lo parezca, siempre puedes elegir. Ahora sí, en muchos casos es prudente "obedecer" y elegir cumplir con la necesidad, pero si tienes claro por qué decides hacer A, B o C (por ejemplo, porque te interesa la buena relación con tu jefe y quieres seguir trabajando para él) la exigencia ya no te pesa tanto puesto que tu motivación para «obedecer» es sabia y bien fundada.

Buscando la perfección

Como ya hemos comentado, una de las particularidades que caracterizan al PAS es su tendencia al amor por el detalle. Le gusta hacer las cosas bien, quiere tomarse su tiempo para que la tarea que tenga entre manos esté bien hecha. Los cabos sueltos le irritan y tiene un gran afán por lo armónico, la belleza y la perfección.

Sin duda esto es otra cualidad de las personas altamente sensibles, pero cuando, por el motivo que sea, el PAS se percibe presionado, fácilmente puede entrar en un estado de pánico, ya que se da cuenta de la imposibilidad de hacer las cosas bien, como a él le gustan, o como desde el fondo de su ser, necesita hacerlas.

Evidentemente, mirado desde la objetividad, el amor por el detalle es algo muy positivo. El mundo necesita gente detallista que tenga ojo para la perfección. No obstante, la perfección, como tal, es un tema aparte y mucho se ha escrito sobre ella. Está claro que la vida presenta momentos en los que existe una necesidad de observar y mantener el orden, de hacer las cosas bien y de buscar la armonía. Una de las características valoradas del PAS es justamente esto, que sea concienzudo. Aspirar a que las cosas estén bien hechas, es indudablemente algo positivo que se puede considerar como una virtud, siempre y cuando ese afán por la perfección no llegue a ser una obsesión.

Inherente a la búsqueda de la perfección está el anhelo de evitar, al máximo, cometer errores. Al incurrir en un error, llamas la atención. Claramente existe una relación entre: miedo a llamar la atención y amor por el detalle. ¿Gallina o huevo? No lo sé. Tal vez observes los detalles para evitar errores y de este modo evitar llamar la atención. También es posible que tu amor por el detalle sea más grande que el miedo a cometer un fallo y la seguridad que sientas al saber que todo está bien y correcto te permita relajarte.

Además, si cometes un error probablemente alguien lo note y te diga algo al respecto (puede que en público). Llamar la atención es algo que la mayoría de los PAS quieren evitar, y todavía más si es por una cosa mal hecha. Muchos PAS temen ser criticados y tienen miedo a quedar en ridículo.

Algo similar vemos también si tienes que…

Actuar en público

Es posible que, como PAS, en tu infancia hayas vivido situaciones como la que cuenta Carlota:

> «Me gusta estudiar. Ya de niña me gustaba aprender y me gustaba ir al cole. Era buena estudiante y me sentía orgullosa de estar siempre entre los mejores alumnos de mi clase. Sin embargo, en el cole había tres cosas que me ponían enferma del pavor que me daban.
>
> La primera era la asignatura de gimnasia. Era más bien pequeña para mi edad y además era gordita. Mis compañeros se reían de mí cuando tenía que hacer ciertos ejercicios que no me salían bien, entonces me sentía horriblemente ridiculizada y totalmente inútil. Si podía me inventaba alguna excusa para no participar en la clase.
>
> Las otras dos cosas que me afectaban de manera muy negativa, era, por una parte, cuando tenía que levantarme en clase para hacer un resumen de algún tema estudiado, y, por otra parte, lo peor de lo peor, era cuando me tocaba salir a la pizarra para, allí, bajo la mirada crítica de todos los compañeros, resolver algún problema matemático. Lo pasaba fatal. Las matemáticas en sí me gustaban y no solía tener dificultades en resolver problemas o cálculos, pero, cuando tenía que demostrarlo delante de toda la clase, me bloqueaba y me sentía como paralizada. De repente no sabía nada, era como si mi cerebro se hubiera transformado en una nube de algodón. Empezaba a sudar y estaba segurísima de que mis compañeros estaban riéndose de mí, y aunque no fuese real,

incluso les escuchaba cuchicheando. Lo vivía como una auténtica pesadilla.»

Hasta aquí el relato de Carlota. Yo también lo pasaba muy mal cuando tenía que hacer algo en la pizarra, y sentía pavor a cometer errores. El factor que más me afectaba era el ser observada y la idea —eso lo suponía— de ser criticada y ridiculizada. Siempre había pensado que sentirme fatal en situaciones semejantes era consecuencia de la timidez: creía que era una niña tímida. Ahora sé que no era tímida, sino que soy altamente sensible y que, como consecuencia de esto, era más bien insegura. Por un lado me faltaba autoestima, y por el otro, me fijaba tanto en lo que pasaba o podía pasar detrás de mi espalda que era totalmente incapaz de concentrarme en la tarea para hacer. Como antenas, todos mis sentidos estaban enfocados hacia mis compañeros y, como consecuencia, había perdido el contacto con mi centro, con mi "yo", donde conviene estar cuando te tienes que concentrar. Y esto me pasaba por ser PAS.

Mientras tanto he aprendido que, como ser humano, está permitido cometer errores. Y es verdad, cometer errores te puede producir sentimientos desagradables, te puede dar una sensación de inseguridad y de no dar la talla. Tus expectativas se ven defraudadas. Cuidado pues con las expectativas y atención a la altura de tu listón: conviene preguntarte siempre si aquello que te exiges es realista. Recuerda que vale más poner el listón un poco más bajo y sentirte bien porque lo hayas cumplido, que ponerlo demasiado alto y verte fracasado.

En cuanto a los errores quiero añadir lo siguiente: siempre conviene evitarlos, por supuesto, pero generalmente cometer un error no es ningún drama. En la mayoría de los casos, el supuesto error en el fondo no es más que una equivocación. Es más: de los errores y de las equivocaciones se aprende. También a veces, y según las circunstancias, puede ser una buena idea pedir ayuda, ya que no es ninguna vergüenza no saberlo todo.

Opinión propia

Imagínate la siguiente situación: Estás en una reunión laboral y notas que todo el mundo te está mirando porque es tu turno para dar tu opinión. Si eres el primero, te puede pasar que no seas capaz de verbalizar tus ideas y que te bloquees. O tal vez no sepas qué opinar en concreto, simplemente porque ves muchas soluciones y todas te parecen válidas. De hecho, tener una visión amplia es algo que forma parte del llamado don de la alta sensibilidad. También es posible que no te atrevas a decir lo que sientes y piensas por miedo a tener que explicar muchas cosas y no te veas capaz.

Si no eres el primero – probablemente hayas elegido un sitio estratégico justamente para evitar tener que ser el primero en dar una opinión– te puede pasar que estés de acuerdo con todo el mundo o, por lo menos, prefieras adherirte a la opinión más generalizada. Puede pasar que te declares conforme con la mayoría porque no te atrevas a decir tu verdad por miedo a que piensen mal y se rían de ti. En estos casos, es probable que influya la, más bien baja, autoestima que tienen muchos PAS.

Evidentemente también hay PAS que generalmente se sienten suficientemente fuertes y seguros de sí mismos para decir aquello que para ellos es importante. No sufren de ese irritante nerviosismo que da lugar a esa complicada bola de emociones y pensamientos que puede ser tan difícil de descifrar. Estos PAS han trascendido esa terrible inseguridad con su efecto paralizante, un estado bien conocido para la gran mayoría de las personas altamente sensibles. Está claro, sin embargo, que cuanto más positivo y receptivo sea el ambiente en el que te encuentras, más fácil te será expresar tu opinión y tus sentimientos. Si estás con personas que han demostrado que te valoran, te sentirás más apoyado y menos nervioso o inhibido. Y la buena noticia es que se puede hacer mucho para mejorar la inseguridad y para aumentar la autoestima.

«Sé amable, sonríe, contesta con dos palabras y nunca olvides dar las gracias. No importa si te duele la cabeza, o si estás de mal humor. No es una cuestión de no tener ganas, si no tienes ganas, haz ganas. Es importante dar una buena impresión. Siempre.» Palabras de Silvia.

No sé si os suenan este tipo de palabras. ¿Eres un PAS que piensa más en cómo los demás te ven, en lugar de ser como realmente eres? ¿Te preocupa la imagen, la impresión que das? Si este es tu caso, posiblemente también te sientas inseguro. Si continuamente estás adaptando tu comportamiento a lo que crees que el mundo espera de ti, y si te importa mucho que la gente te encuentre simpático, no estás prestando atención a quien realmente eres. Porque simplemente no puedes estar enfocando tu atención en dos puntos opuestos a la vez. Tus antenas están dirigidas hacia el exterior y no estás en contacto con quien eres. Con la persona a la que llamas "yo".
Este tipo de inseguridad es una de las características, digamos, muy PAS. A muchas de las personas altamente sensibles les importa tanto que todo el mundo hable bien de ellos, que a la larga, por adaptarse casi continuamente a las –supuestas- expectativas y exigencias de los amigos, los colegas, la pareja, la familia, los vecinos, se van olvidando de quiénes son ellos mismos, de lo que sienten y opinan desde el fondo de su ser. Es como vivir en los demás, en lugar de vivir en tu propio centro.

«Con el tiempo», sigue Silvia, «me he dado cuenta de que este no es el camino. También me he dado cuenta de que esas frases, las de ser amable y bien educada, en realidad eran unos de los mantrams de mi madre, ella siempre me decía estás cosas. Son los modales con los que me he criado. ¡Menos mal que he sabido liberarme de la obligación que conllevaban estas palabras! ¡Agradecer por agradecer me consumía tanta energía que siempre estaba agotada! ¿Y sabes qué es lo mejor? Ahora, que ya no me esfuerzo para que la gente me encuentre simpática, me siento liberada y con un auténtico interés por las personas con las que me voy encontrando. Ahora me doy cuenta de que esa preocupación inculcada por mi madre funcionaba como una especie de escudo que me impedía ver a las personas de mi vida. Es más, las personas de mi vida tampoco me podían ver como soy yo, ya que les iba presentando una máscara bien adaptada en lugar de mi propia personalidad. Y si te soy sincera, tampoco sabía cómo era mi propia personalidad porque continuamente la estaba suprimiendo. Desde luego no estaba al volante del bus de mi vida, era como si los demás decidieran por mí y yo les dejase.»

Trabajar la autoconfianza hace que cada vez dependas menos de la opinión de los de demás, mientras que poco a poco te permites ser quien realmente eres. Y según vayas ganando autoconfianza te costará menos mantenerte en tu centro, llevando las riendas o el volante de tu propia vida. Viviendo fuera de tu centro, agradeciendo a los demás, estás malgastando mucha energía. Estar centrado y relajado, y actuar desde tu "Yo", sin embargo, no cuesta energía porque es tu forma natural de ser quien eres.

¿Tienes la impresión de agobiar a la gente?

Aunque no todos, sí que muchos PAS tienen la facultad de percibir si alguien está mal física o psíquicamente. Si tú la tienes, es posible que trabajes de una forma consciente con la información que recibes, de la misma manera, puede ser que la información ajena te sobrevenga y te invada sin que puedas remediarlo, sin que tengas realmente claro si aquello que percibes es algo tuyo propio o si "pertenece" a otra persona.

Pero a lo mejor también te pasa esto: te sientes tan profundamente conectado con la esencia de otra persona, con sus emociones y su manera de actuar, que, sin pensarlo, le haces preguntas muy directas o empiezas a solucionarle la vida. Lo haces de forma espontánea y desde un profundo deseo de ayudar, fiándote totalmente de tu intuición. Luego, gracias a la misma intuición o simplemente en base a las reacciones negativas que vas recibiendo, te das cuenta de que esa persona no quiere oír tus preguntas, tus consejos ni tus comentarios. Tu asistencia es rechazada. Es entonces cuando percibes que la estás agobiando, o que, por lo menos, te estás metiendo en el espacio personal de la otra persona, ofreciendo tu opinión sin que te lo hayan pedido.

> «Creo que la gente no es consciente de nuestros motivos y nos perciben como curiosos que queremos meter las narices en sus historias, como lo haría la mayoría de la gente sin sensibilidad», opina Lorena.

Si se combinan temas como el auténtico deseo de aliviar el dolor ajeno por un lado, y la intuición y el entusiasmo por el otro, puede pasar que ni te lo pienses y te lances a ayudar. Empiezas a hacer cosas para la otra persona, a ofrecerle soluciones, a hacerle preguntas directas o diagnosticarle. Si luego te rechazan, puede que no entiendas por qué no te agradecen tus esfuerzos y te sientas dolido.

> «¡Me ha pasado ya tantas veces! Veo a alguien con problemas, ni me lo pienso y ayudo. Y luego no me dan ni las gracias. Me hacen saber que se sienten agobiados. No cogen el teléfono, no abren la puerta y no contestan mis mensajes. Pasan de mí, ¡con todo que he hecho para ayudar! No lo entiendo», añade Lorena.

Aquí vemos el deseo de Lorena por ayudar, y cómo la manera en la que lo hace le causa problemas. Y no solamente es Lorena quien ha pasado por este tipo de experiencia.

La persona altamente sensible que, como Lorena, se ha dejado llevar por un impulso de ofrecer ayuda, posiblemente se haya dado cuenta de que seguir este impulso, sin más, no es el camino adecuado. Así pues, aunque pueda percibir el dolor de la otra persona sabrá mantenerse en su centro, sin permitir que la dolencia ajena le afecte ni le arrastre. No se lanzará, sino que se retendrá, observará y acompañará, preguntándose de qué manera podría ofrecer su asistencia. Además de todo esto, siempre es una buena idea verificar la pregunta sobre la necesidad de la persona a quien pretendemos ayudar: ¿realmente quiere y necesita mi ayuda?, ¿es capaz de hacerlo, aunque sea parcialmente, por su propia cuenta?

Ayudar es algo positivo. Es una característica altruista y noble. Lo que conviene tener claro es que aquello que muchas veces llamamos ayudar en el fondo es querer salvar o rescatar. La diferencia puede ser muy fina, pero como PAS conviene tener en cuenta ciertas características inherentes al rasgo, como son la impulsividad y la espontaneidad. Conviene tener claro si realmente dispones del tiempo y la energía que necesitas para ayudar, y conocer el margen de tus límites.

¿Te enamoras con facilidad?

Tal vez hayas notado que tienes tendencia a enamorarte con facilidad. Vamos, te enamoras más rápido que otras personas que conoces. Quizá creas profundamente en «el amor a primera vista».
A veces te lo guardas para ti, pero muchas otras veces ese sentimiento tan enorme y expansivo, que parece dominarte, es imposible de contener y lo tienes que expresar. Evidentemente, el objeto de tus flechas de Cupido no siempre te corresponderá conforme a tus expectativas, lo cual te puede producir un profundo dolor y sentimiento de soledad. El dolor del rechazo es un sentimiento conocido por muchas personas altamente sensibles.

La experiencia de Claudia es otra variante muy PAS:

> «Nunca antes me había fijado en Miguel. Bueno, sabía que trabajaba en el departamento comercial, pero nunca le había hecho caso. Lo que ocurrió es que me empezaron a llegar

pequeños regalitos anónimos al buzón de correo que tenemos cada uno en la oficina. Encontraba rosas, bombones, velitas, tarjetas con mensajes románticos. No tenía ni idea de quién era mi admirador, pero asumía que era Juan, el editor de la revista, un chico que me gustaba ya desde hacía tiempo. Finalmente, después de casi un mes de sorpresas, recibí una invitación para ir a cenar a un restaurante no lejos de donde vivo. Todo era muy misterioso y estaba muy excitada, incluso ya tenía fantasías con Juan, ya que no me podía imaginar que mi admirador secreto fuese otro.

Cuando llegué al restaurante vi que me estaba esperando Miguel. Primero pensaba que era una broma, algo que se habían organizado Juan y Miguel, pero después de ver cómo me miraba Miguel, entendí que mi admirador secreto no era Juan, sino él. Y entonces pasó algo raro.»

Claudia cuenta cómo, al ver la mirada enamorada de Miguel, se sintió tan admirada y tan querida que…

«…me di cuenta de lo maravilloso que era Miguel. Casi instantáneamente sentí un amor tremendo hacia ese hombre de quien, hasta ese momento, apenas me había percatado. Juan estaba olvidado, Miguel era mi amor. No podía entender que no le hubiese prestado atención antes, ya que, en ese instante, me resultaba completamente evidente que Miguel, ese chico fantástico que además, de repente, me parecía guapísimo, era mi gran amor.»

Claudia no es la única que me ha contado una historia de este tipo. ¿Qué pasa ahí? Una característica que es compartida por muchas personas altamente sensibles es una tendencia a tener la autoestima baja. Esta tendencia es tan frecuente en los PAS que Elaine Aron le ha dedicado un libro entero, The Undervalued Self (El Yo Infravalorado), el cual, hasta la fecha, no tiene traducción al castellano. En el caso de

Claudia queda muy patente. Ella, hasta aquel momento, se percibía feúcha, gordita, poco atractiva en general y, además, no demasiada lista. Entonces, de repente, «crece» gracias a la patente admiración de Miguel, dice sentir amor, aunque en el fondo es un sentimiento de gratitud porque finalmente hay alguien que se ha dado cuenta de que ella es especial. Es a través de los ojos de Miguel como nota que alguien la ha visto y le demuestra que ella vale la pena.

Está claro que no toda persona con elevada sensibilidad se enamora con facilidad, o que, por lo menos, no se percibe como alguien que en seguida pierde el corazón y la cabeza entregándose totalmente al objeto de su amor o a la persona que le confiesa su amor. Por supuesto, hay muchos PAS que se enamoran de vez en cuando y no viven sus emociones como un problema.

Evidentemente, también hay PAS que han aprendido a manejar sus emociones, entienden lo que les pasa y por qué. Han aprendido —a veces después de haber pasado por experiencias muy dolorosas— a establecer y honrar sus límites, y no ir perdiendo todo tipo de autocontrol. No tienen la necesidad de enamorarse para sentirse bien y valorados, no necesitan un amor para poder distraerse o para compensar insoportables sentimientos de soledad.

Dejarte llevar y arrancar

Algo que también suele costar mucha energía es el dejarte llevar por tu entusiasmo. Por ejemplo, de repente descubres que te apasiona escalar, eso después de haberlo practicado no más de una sola tarde, pero en compañía de gente muy maja. No te conformas con una excursión al mes, sino que empiezas a organizar tu vida alrededor de esa actividad. Incluso, el dinero que tenías destinado para pagar la factura de la luz, lo gastas ahora en comprar nuevas zapatillas, una mochila y material necesario para la práctica del deporte que acabas de descubrir. De hecho, tu entusiasmo es tan grande que llega a desestabilizar tu vida normal, incluso, puede traerte problemas.

La falta de medida puede ser una característica PAS. Te pierdes en una situación exterior y sientes cómo no puedes resistir a una sensación de succión y de seducción que te viene de fuera. No sabes observar y mantener tus límites, no te puedes frenar. Te entregas en cuerpo y alma.

El tema de los límites evidentemente es un tema PAS, y también lo es el tema del entusiasmo, o mejor dicho, de perder el control por un exceso de entusiasmo. En el ejemplo de la escalada (o del deporte en general) vemos como un efecto tónico, una especie de "emborracharse con adrenalina", te puede enganchar. Pero también te puede ocurrir con personas, puede que llegues a sentir tanto entusiasmo por cierta persona que no pares de pensar en él o ella, hasta obsesionarte. Aquí no es la adrenalina la que engancha, sino otra de las hormonas que producen sensación de bienestar, las endorfinas.

Cualquier forma de entusiasmo desbordado conlleva el riesgo de que la persona se vaya agotando, hasta el punto de que el propio cuerpo se ponga enfermo y diga: «Hasta aquí y ni un paso más».

También es posible que seas PAS, que reconozcas esta forma de reaccionar en ti, pero ya hayas aprendido a controlarte a tiempo, evitando situaciones extremas como una depresión o un burn-out, porque esa es, a la larga, la consecuencia de gastar más energía de la que puedes ir generando.

Igualmente, es posible que te identifiques con la mayoría de las características de la persona altamente sensible, pero que este tema del entusiasmo exagerado no te suene: algo o alguien puede despertar cierto entusiasmo en ti pero sin que por eso pierdas tu equilibrio interior.

Es un hecho, no todos los PAS conocen este aspecto del rasgo, y es muy probable que justamente te reconozcas en lo opuesto, en sentirte inhibido y frenado, que te suponga un esfuerzo enorme hacer algo nuevo, algo que, en el fondo, te parece ridículo o simplemente un perder del tiempo y un malgaste de energía. Si te reconoces más bien en este tipo de comportamiento, no te preocupes: la dificultad de arrancar y de motivarte también forman parte de las características de la persona altamente sensible.

Cambios

Elaine Aron, en su valioso trabajo sobre las personas altamente sensibles, habla también de cómo muchos PAS se sienten afectados por los cambios. Te cambian los planes, o cambia tu situación sentimental, o tienes que cambiar de casa... Cuanto más corto sea el plazo, y cuanto más de sorpresa te llegue la noticia del cambio, peor pueden ser las consecuencias para una persona altamente sensible.

¿A qué consecuencias me refiero? Los cambios repentinos pueden producir muchísimo estrés al PAS ya que, dependiendo de las circunstancias, la persona con elevada sensibilidad suele necesitar un espacio de tiempo más o menos largo para adaptarse a la nueva situación.

Uno de los peligros aquí es, otra vez, la tendencia del PAS de montarse películas —o sea, la tendencia de dejar rienda suelta a la imaginación y a las expectativas— que, generalmente, no suelen ser de las más positivas. La mayoría de veces vemos que el miedo a lo desconocido es más grande que la capacidad de ver y aceptar la situación tal y como es.

> «Siempre que destinaban a mi marido a otra fábrica lo pasaba fatal», cuenta Mar. «Cuando tuvimos a nuestro hijo todavía fue peor ya que en mi imaginación se duplicaron las complicaciones y la pesada organización de la mudanza. Solamente veía obstáculos. Me sentía muy estresada y casi

siempre cansada. Confieso que no era la esposa más cariñosa del mundo. Fue gracias al coaching que, poco a poco, empecé a darme cuenta de que también había cosas positivas. Por ejemplo, descubrir ciudades nuevas –algo que también puede ser una aventura bonita– y el hecho de que me gusta la decoración. En lugar de pensar en el lado negativo y hacer caso a esas vocecitas en mi cabeza, empezaba a concentrarme en la creación de nuevos hogares, siempre con un estilo diferente. Esto me ha permitido descubrir mi verdadero talento, mi creatividad, y ahora tengo una empresa de decoración on-line. La capacidad que tenemos los seres humanos para poder cambiar el enfoque de nuestro pensar, ha sido, para mí, uno de los descubrimientos más grandes que ha habido en mi vida hasta el momento.»

No todos los **PAS** sufren con los cambios, y muchos han desarrollado cierta flexibilidad que les permite salir del susto inicial y centrarse relativamente rápido en una perspectiva diferente, recobrando así el equilibrio emocional.

Otros simplemente, y por tener una naturaleza positiva, no se fijan en las cosas que aparentemente son difíciles ni suelen percibir las complicaciones como obstáculos imposibles de vencer. Es una actitud propia de personas con capacidad (natural o aprendida) para ver y destacar las ventajas, lo que sí es posible.

Injusticia y valores

Si hay algo que para un **PAS** suele ser insoportable, son la injusticia. Es por eso que a muchos **PAS** los encontramos en ONGs y también en profesiones como la abogacía. El **PAS** suele vivir en concordancia con sus valores y los suele defender. Aparte de la justicia, le importan valores como la honradez o el respeto. De la misma manera encontramos a muchos **PAS** en grupos y organizaciones en defensa del medioambiente, el cuidado de nuestro planeta, la igualdad o la justa y correcta distribución de las riquezas de la tierra.

Gritos e insultos: violencia verbal

Muchos PAS se sienten heridos y agredidos cuando se les habla mal, se les grita o se les insulta. Hay casos de este tipo en los que el PAS incluso sufre dolor físico, aunque no se le haya tocado. Evidentemente es un caso de no me gusta que nos llega a un nivel profundo, ya que el PAS a quien se grita se suele bloquear. Los gritos, aparte de "dañar" el oído, le producen muchas emociones a la vez y la persona afectada generalmente no es capaz de contestar adecuadamente, simplemente porque no tiene la capacidad de identificar sus emociones que se han entremezclado hasta formar una bola indiferenciada de sentimientos y sensaciones dolorosas. En muchos PAS vemos que no les salen las palabras y, lo único que tienen claro, es que quieren irse.

También aquí hay que decir que no todos los PAS reaccionan de la misma manera ante este tipo de comportamiento. Evidentemente ni todos se bloquean ni todos se quieren ir. Conozco a PAS que saben gritar y saben defenderse sin cortarse un pelo; explotan y gritan y no saben controlar la rabia que llevan dentro.

Ser PAS no significa ser santo. Eres PAS y eres un ser humano como cualquiera, y a veces, responder gritando es la mejor defensa que tienes. De la misma manera, también hay PAS que no se sienten molestos ante ataques de ira, ante gritos o insultos, saben mantener su calma y consiguen quedarse en su centro, contestando con calma y objetividad.

Violencia física

Acabamos de ver lo que le pasa al PAS con la violencia verbal pero la experiencia de la violencia física —ajena o personal— suele afectar todavía más. Así que, la persona altamente sensible tiende a evitar películas con violencia y escenas brutales, ya que un exceso de estímulo sensorial y emocional lleva a sentimientos de preocupación y a un estado de inquietud interior. Una de las consecuencias de esa inquietud, de ese estado de preocupación, es que, a veces, resulte difícil conciliar el sueño. A lo mejor te ha pasado que estás en la cama, quieres y necesitas dormir, pero te vienen a la cabeza las las escenas brutales de la peli que acabas de ver. A veces, incluso, no puedes evitar pensar en todos los desastres que te pueden pasar a ti, a tus seres queridos, o al mundo en general. Es un hecho que la gran mayoría de los PAS disponen de una fecunda imaginación que a veces se dispara.

Ver escenas de violencia en el cine o en la tele, en teoría, es opcional. Si sabes que te causa preocupación e insomnio, es probable que decidas no verlas. La violencia, tal como se puede presentar en la vida de uno, es otra historia. Violencia en la calle, y especialmente la violencia de género, forman un tema aparte. Si lees esto y vives una situación de este tipo, solamente te puedo aconsejar, de todo corazón, pedir ayuda para poder salir cuanto antes. La esperanza que las cosas mejorarán es bonita y típica en la persona sensible, pero la realidad suele ser distinta. Nadie está hecho para sufrir, y el sufrimiento de este tipo de violencia es intolerable e inadmisible.

Volviendo a la violencia tal y como nos la presentan en películas, es un hecho que no todos los PAS tienen problemas con escenas de este tipo. Aunque casi siempre suelen preferir películas con algún tema más profundo, películas alternativas o algún documental interesante, existen PAS que no sufren con esta violencia ajena porque son muy conscientes de que una película no es real sino un producto de la fantasía. Esto les permite tomar distancia de las imágenes y con esto prevenir que las escenas brutales y sangrientas les afecte.

Violencia contra animales

Escribiendo sobre la violencia verbal y física contra personas, pienso automáticamente en la violencia, completamente absurda y cruel, cometida contra los animales. Algunos ejemplos de esto: las corridas de toros (donde sufren estos animales, incluso, a veces también los caballos), las peleas de perros, o de gallos... Violencia totalmente innecesaria en la que el hombre decide hacer sufrir a animales indefensos para ganar fama y dinero.

La gran mayoría de los PAS simplemente no soporta el sufrimiento de los animales. Por lo tanto no es extraño que muchos vegetarianos y veganos sean personas con una elevada sensibilidad, y tampoco será una mera coincidencia que encontremos muchos PAS entre los activistas que luchan contra el maltrato animal.

La naturaleza

A la mayoría de los PAS les gustan los animales y la naturaleza. Es un hecho que el PAS disfruta del campo, de la montaña y de la playa. Claro, es a través del contacto con la naturaleza que la persona altamente sensible suele cargar sus pilas, aunque esto no quiere decir que cada PAS sea consciente de que es así y que pasar ratos en parques, bosques, en la montaña o en la playa, etcétera, sea absolutamente necesario para nuestra salud física y mental.

Para muchos PAS la naturaleza incluso es mucho más que un lugar para descansar y relajarse, es el lugar donde perciben a los seres elementales y donde se sienten unidos con las fuerzas creadoras. Es donde encuentran la inspiración, donde conscientemente buscan equilibrar su vida emocional: la naturaleza como medicina.

Un rico mundo interior

Puede ser que de niño, en el colegio, te costase concentrarte en la materia, teórica y poca inspiradora, de ciertas asignaturas que no te gustaban. A lo mejor, te pasaba que, mientras escuchabas la voz monótona del profe, tu mente se iba para otro lado.
Ya de adulto, te has dado cuenta de que a menudo tienes la necesidad de estar solo, para entregarte a las ideas, sueños o fantasías que brotan en tu interior. Quizás has intentado compartir este tipo de pensamientos con otras personas pero, como has notado que no te entienden, tal vez hayas decidido guardar estas experiencias para ti. A lo mejor te expresas en un diario, escribiendo sobre aquello que te mueve, o buscas expresarte en la pintura o a través de algún instrumento musical. No te preocupa que esto sea así: es tu mundo interior y no sientes ninguna necesidad de compartir tus vivencias interiores con nadie.

También hay PAS que justamente sienten una tremenda necesidad de compartir y sufren porque no lo pueden hacer por falta de contactos adecuados, o simplemente por miedo a no ser entendidos, y por consiguiente ser ridiculizados. Les encantaría poder hablar con otras personas sobre todo lo que sienten y piensan, y el hecho de que esto no sea posible les produce una tremenda soledad. Puede pasar que, aunque no sea lo frecuente, ese mundo interior llegue a pesar tanto que a la persona altamente sensible le cueste funcionar bien en la realidad cotidiana, percibida como un mundo duro y hostil.

Espiritualidad.

Tarde o temprano casi todos los PAS se encuentran con las grandes preguntas de la vida: ¿Quién soy? ¿Qué hago en esta tierra? ¿Qué sentido tiene la vida? ¿Hay algo después de la muerte? Este tipo de preguntas suele marcar el principio de la búsqueda de la verdad, un camino largo que generalmente lleva a profundos procesos de cambio y crecimiento interior.

Muchas personas altamente sensibles aguantan mal la superficialidad, el hablar por hablar, y prefieren un buen libro en lugar de la prensa rosa, un documental con trasfondo en vez de programas de cotilleo y suelen interesarse por temas metafísicos y espirituales.

«Me considero una persona espiritual. Soy una buscadora, y soy muy consciente de que la realidad visible y medible no es la única verdad,» comenta Lucía. «El mundo materialista me duele. No aguanto a la gente que solamente piensa en hacerse rico a costa de los demás, no aguanto el abuso y el maltrato a personas y animales. La gente es realmente horrible y no se da cuenta de cómo están maltratando a la madre Tierra. He intentado convencer a mi familia y amigos de que hay que vivir desde el respeto y desde el amor, pero no me entienden. La avaricia y la crueldad me ponen enferma y, a pesar de que intento explicar qué me pasa, me siento incomprendida. Por eso he decidido irme a vivir lejos de todo esto, a un lugar precioso en la montaña, donde hay mucha tranquilidad y donde puedo meditar sin ser interrumpida. Sin ver el sufrimiento. La verdad es que este mundo con esa mentalidad ya no me interesa».

Diferente es el comentario de Juan:

«Desde que leí una cita de Joseph Beuys, "La espiritualidad está en la calle", me doy cuenta de que no basta quejarse de la inmoralidad y el fuerte egoísmo de la gente. No hay que conformarse, no, hay que entrar en el diálogo. No puedes cambiar el mundo pero sí te puedes cambiar a ti mismo y dar un buen ejemplo. La espiritualidad es muy importante para mí, y ahora la busco en las personas, en los verdaderos encuentros que tengo con ellos. Utilizo mi sensibilidad para entender los motivos de los demás e intento no juzgar porque sé que en cada uno de nosotros vive tanto el bien como el mal, nadie se libra de esto. Si me acuerdo bien, fue Jung quien dijo que en cada uno de nosotros vive un asesino. He tardado, pero ahora entiendo qué quiere decir con eso: no he matado a nadie, y no me pienso capaz, pero te juro que no sé qué haré cuando alguien haga daño a mi hijo. Tener en cuenta esto, para mí también es ser espiritual. De hecho, el bien existe gracias al mal, ¿verdad?

Siento una tremenda necesidad de seguir aprendiendo, y aprendo mucho de la gente, de lo que veo, de lo que escucho. Esto, para mí, es espiritualidad. No quiero convencer a nadie, no me siento evangelista, pero si alguien me pregunta por mis ideas, no dudo en compartirlas. Me siento libre y lucho desde mis valores como son: la justicia, la sostenibilidad, la honradez y el respeto».

Aquí vemos dos maneras como una persona altamente sensible puede vivir la espiritualidad. Espiritualidad no es lo mismo que ir a misa, espiritualidad tiene que ver con la búsqueda del sentido de la vida, de la idea que hay algo más grande que la realidad visible. Ese "algo" puede tener muchos nombres. De los muchos PAS que conozco, hay pocos que dicen no sentir ningún tipo de interés o curiosidad hacía una realidad más grande. Muchos incluso dicen estar convencidos de la existencia de esa otra realidad por experiencias que han tenido.

Con esto, con el punto de la espiritualidad como tema importante en la vida de una persona altamente sensible, se completa el retrato de las características de un PAS.

Como sabéis, estas características están basadas en el test de la alta sensibilidad, la lista de preguntas que generalmente utilizo para determinar si alguien se puede llamar persona altamente sensible o no. Espero que quede claro que, para cualificarse como PAS, no es necesario sentirse totalmente identificado con cada uno de los temas mencionados. Muchas veces la cosa no es tan blanco o negro, y te reconoces más en los matices. La descripción que acabo de dar en este capítulo no es más que una impresión de las características que forman parte del rasgo de la alta sensibilidad. Es importante recordar que, aparte de ser altamente sensible, cada uno es único: un individuo como no hay otro igual.

Muchas veces recibo correos de personas que me dicen que han hecho el test, que han contestado un determinado número de preguntas de manera afirmativa, y que ahora quieren saber por mí si son altamente sensibles o no. Les tengo que contestar que no lo sé, que me es imposible afirmarlo o incluso negarlo. No les conozco, no conozco sus circunstancias, no conozco su historia. Diría a todos los que quieran saber con seguridad si comparten el rasgo de la alta sensibilidad que investiguen sobre el tema, que investiguen a sí mismo, que vayan observando sus emociones y reacciones y que empiecen a tomar apuntes. Algo como un determinado ruido te puede afectar un día, bajo ciertas circunstancias, mientras que en otros momentos ni lo notarás. Algo puede haberte molestado en un pasado pero has aprendido alguna herramienta y ya no te molesta. Esto no quiere decir que —ya¬— no seas altamente sensible, quiere decir que has sabido encauzar tu sensibilidad. Quiere decir que ya no te pesa, que ese algo ya no lo vives como un lastre, sino que ahora sabes valorarlo de manera objetiva.

Nunca olvidemos que la intención de una elevada sensibilidad no es la de sufrir, sino de vivir la vida de una manera más rica e intensa, de disfrutar más de las cosas que nos vienen por el camino. Y, personalmente, quiero ir más lejos todavía: para mí la alta sensibilidad no solamente es un don, sino que lo experimento como una herramienta en sí, una herramienta muy potente para hacer de este mundo un lugar más bello, más alegre, más respetuoso y más humano.

Capítulo 2

La persona altamente sensible interactuando con el mundo

"Si tú quieres conocer tu propio ser, mira en todas las direcciones del mundo que te rodea. Si tú quieres en verdad comprender el mundo, mira en las profundidades de tu alma".
Rudolf Steiner

En el primer capítulo hemos hecho un recorrido por las características de la alta sensibilidad, temas por las cuales el lector puede reconocer –o no– cómo la sensibilidad le causa más o menos problemas y, también, hasta qué punto la ha encauzado.

Asimilar o encauzar la elevada sensitividad quiere decir que has logrado transformarla de un lastre, de una complicación, a algo positivo que te ayuda a vivir la vida con más intensidad y disfrute, de forma más consciente. También puede significar que has aprendido maneras o trucos para saber llevar algún tema que en el pasado te causaba malestar, y por tanto, actualmente, eso ya no te molesta. A veces es suficiente entender el por qué de algún tema fastidioso para que este te deje de fastidiar. La comprensión puede funcionar como el quitarte una astilla: «Ah, ¡es por eso que me pasaba!». Le quitas la astilla, o el interrogante, al problema y la consiguiente comprensión produce la sensación de alivio.

Espero que los ejemplos del primer capítulo en combinación con tus respuestas a las preguntas del test te hayan servido para obtener más claridad referente a la pregunta de si te puedes considerar "altamente sensible" o no.

La importancia del autoconocimiento

En este capítulo vamos a ver cómo una persona altamente sensible interactúa, o puede interactuar, con el mundo. Cuanto mejor te conoces mejor puedes funcionar. Pero para conocerte, te hace falta el mundo. Es una ley vital que no deja de asombrarme por su inmensa sabiduría. En el fondo nos dice que todos necesitamos a todos. Si queremos crecer como ser humano no podemos apartarnos e ir a vivir en la cima de alguna montaña o en una isla solitaria donde no exista nada que no nos guste, nada que nos afecte de manera negativa. Para evolucionar como ser humano no nos sirven lugares donde no haya otros seres humanos. El verdadero crecimiento se consigue a través del contacto con la gente que nos permite evolucionar. A través de las relaciones de todo tipo.

Muchas veces es a través de una reacción de alguien en tu entorno que te das cuenta de que necesitas mejorar algo en tu comportamiento, que necesitas cambiar. Por mi parte nunca hubiese descubierto que soy PAS si no fuese por una relación sentimental muy complicada. Nunca hubiese sabido que ser mucho más sensible que la gran mayoría de la gente no quiere decir que sea rara, nunca hubiese descubierto que la alta sensibilidad es un rasgo, nunca se me hubiera ocurrido que puedo hacer muchas cosas para sentirme muchísimo mejor, nunca hubiese estudiado los temas del coaching ni de la mediación y los muchos otros cursos y aprendizajes de autoconocimiento que desde entonces han llamado mi atención. Y seguro que nunca hubiese llegado a escribir estas líneas.

Partimos de la premisa que todo el mundo, cada persona que pisa este planeta que llamamos tierra, tiene cierta sensibilidad. Sin embargo, sabemos a raíz del trabajo de la doctora Elaine Aron, que de cada diez personas hay más o menos dos que son considerablemente más sensibles que las restantes ocho. Está claro que la sensibilidad tiene sus grados. No hace falta ser altamente sensible para tener sensibilidad, ¡menos mal! Si miramos a aquellas ocho personas de cada diez, se puede decir que algunas son más o menos sensibles que otras. Pero también dentro del grupo de gente que califica como «altamente sensible» existen grados y diferencias ya que se trata de un rasgo que se presenta en combinación con nuestro temperamento, nuestro carácter. Así que puede pasar que, por ejemplo, te reconozcas solamente en un cierto porcentaje de las características que vienen presentadas en los tests, o bien que con algunas te identificas del todo mientras que con otras solamente te ves reflejado de vez en cuando y según las circunstancias en las que te encuentres.

Tres formas de vivir el rasgo

Dentro de la misma alta sensibilidad y la forma como uno vive este rasgo, existen muchas diferencias. Ateniéndonos a esta capacidad de integración de la sensibilidad, me gustaría distinguir tres grupos: las personas altamente sensibles que no se sienten molestas por serlo; las personas que deciden, a raíz de haber descubierto que su sensibilidad es un rasgo reconocido, empezar algún trabajo personal para aprender a manejarse mejor con ella; y por último, tenemos ese gran grupo de PAS que, a lo mejor han descubierto la sensibilidad como el rasgo que es, pero de una manera u otra sufren con los efectos del exceso de estímulos.

Las investigaciones de Elaine Aron en relación a estas tres formas de vivir la alta sensibilidad explican lo siguiente:

1. Aquellos PAS que no se perciben como "bicho raro" son personas que han crecido en un entorno en el que su sensibilidad ha sido considerada una característica positiva. Saben que son más sensibles que la mayoría de la gente pero nunca se han visto limitados por ello. Funcionan con normalidad y han aceptado que, en general, necesitan descansar más, que hay cosas y circunstancias que simplemente no les gustan, y tienen trabajos en los que se sienten bien y realizados. Para ellos, sencillamente, es normal ser como son. Probablemente, la

gran mayoría de las personas altamente sensibles de esta categoría ni siquiera se den cuenta de que son PAS.

2. Por otro lado, existe un grupo –cada vez más grande– de PAS que sí se han visto como diferentes en sentido negativo y, desde su infancia, lo han pasado mal por ser muy sensibles. Sin embargo, en determinado momento de su vida, han decidido hacer algún tra-. bajo de desarrollo personal, como terapia o coaching, a través del cual han aprendido a asimilar y encauzar la sensibilidad, hasta el punto de no solamente dejar de experimentarlo como algo molesto sino al contrario, de percibirlo como un don.

3. Finalmente tenemos un gran grupo de personas que de alguna manera –a través de una búsqueda en Internet, a través de un amigo, o de su médico, o terapeuta – han descubierto que su elevada sensibilidad no es tan rara ni tan única como a lo mejor durante años habían pensado. Por suerte se han dado cuenta de que su elevada sensibilidad es algo completamente legítimo y que no se trata de ningún "trastorno". Darse cuenta de la relativa nor-malidad del rasgo generalmente es vivido como un momento de gran alivio, aunque la persona no suele tardar mucho en com-prender que el descubrimiento en sí no es suficiente, ya que solo saberlo no basta para quitarse las molestias que la elevada sensi-bilidad te puede causar.

Este libro está escrito especialmente para este último grupo de per-sonas. Mis palabras van dirigidas a aquellas personas que se sienten identificadas con el rasgo que llamamos "la alta sensibilidad" pero que a pesar de la euforia inicial por descubrir que no son tan raros como tal vez pensaban, al cabo de no mucho tiempo, vuelven a sen-tirse perdidos, ya que, saber que eres PAS, aunque sea un paso muy importante, en absoluto implica que ese rasgo automáticamente deje de complicarte la vida.

Los PAS de este grupo se han aceptado –o no– como son y viven la vida lo mejor que pueden, adaptándose en mayor menor medida pero algunos, de hecho, sienten no encajar con el lado duro e inhumano del mundo, son personas que intentan sobrevivir lo mejor que pueden. Y, tristemente, también vemos a personas que, como consecuencia directa o indirecta de su sensibilidad, sufren enfermedades como la depresión y el burn-out.

La alta sensibilidad, como rasgo, es un descubrimiento bastante nuevo. Mientras que en los países anglosajones es ya un tema más o menos, y, por múltiples motivos merece toda la atención del mundo médico, social y educativo, en los países latinos todavía es algo poco reconocido. Este libro, por lo tanto, también está escrito para aquellos que son PAS pero que de momento, por falta de información, no tienen constancia de serlo.

La falta del reconocimiento del tema de la alta sensibilidad puede tener graves consecuencias. El problema está en que todavía hay relativamente pocas personas que saben de la existencia del rasgo de la alta sensibilidad como tal, algo que, evidentemente, puede dar lugar a diagnósticos equivocados por el simple hecho de que el médico o psicólogo no tengan conocimiento de nuestro rasgo.

Mi gran preocupación, en este sentido, tiene que ver con las personas que han sido diagnosticadas erróneamente con trastornos de la personalidad o del comportamiento como el TDAH u otro tipo de trastornos, como los pertenecientes al amplio espectro del autismo. Estas personas muy probablemente estén tomando medicación mientras que, tal vez, su caso en realidad se trate de un rasgo y no de un trastorno, y, el rasgo de la alta sensibilidad no necesita medicación. Un rasgo puede complicarte la vida, eso sí. La buena noticia es que al no tratarse de una enfermedad ni de un trastorno existen métodos y herramientas que ayudan a transformar esos aspectos molestos en algo que te aporte, sin que haga falta medicación. Está claro pues que, como personas altamente sensibles, nos queda mucho trabajo de difusión. De nosotros depende.

Acabas de descubrir que eres Altamente Sensible, y ¿ahora qué?

Entre los muchos correos que recibo no faltan aquellos de las personas que han llegado -accidentalmente o no- a mi web o a los blogs y así han descubierto que la alta sensibilidad es algo "normal". Me escriben para compartir su alegría y su alivio. Han hecho un repaso por las distintas características del rasgo y de repente entienden –por ejemplo– por qué al mirar una obra de arte se emocionan mucho más que sus amigos, por qué no les gustan los centros comerciales y cómo es posible que ellos sean los únicos que huelan algo que según otros es pura imaginación. Cada vez que leo un correo de este tipo me entran ganas de celebrarlo con esa persona porque sé, por propia experiencia, qué es lo que se siente.

Más adelante, algunas de esas personas me vuelven a escribir o quieren verme para unas sesiones de coaching. La euforia inicial como causa de su descubrimiento ha disminuido bastante y, aunque en general se siguen sintiendo mucho más tranquilos sabiendo y comprendiendo que ser PAS no es ninguna anomalía sino un rasgo, los problemas que la sensibilidad les causa no desaparecen y tampoco encuentran la manera adecuada para comunicar su nuevo conocimiento a las personas de su entorno, como pueden ser la pareja, los hijos o los colegas de trabajo. En este sentido también pienso en los padres de un niño PAS que, finalmente, llegan a entender qué le pasa a su hijo, quieren hablar con el profesor pero les falta información y conocimiento sobre el tema. Resulta que no es suficiente simplemente decir, como si esto fuera una explicación en sí: «Soy altamente sensible» o «Mi hijo es altamente sensible, es por eso que llora tanto y no quiere participar en los juegos del patio.» Hay que saber explicar bien de qué se trata para que tu interlocutor te tome en serio y te escuche con interés.

Está claro que la persona que no comparte tu sensibilidad, una persona que no percibe el mundo con la misma intensidad y sutileza que tú, nunca puede sentir lo que tú sientes ya que le falta justamente eso, la sensibilidad necesaria. En general, es muy difícil entender algo que no has vivido por propia experiencia. Esto es verdad para todo el mundo, indiferente del tema que se trate.

La falta de comprensión y de interés hacia nuestro rasgo hace que en muchos casos vayamos encontrando, también puede por parte de los PAS, una actitud de «nosotros somos los buenos y ellos son los malos», algo que, evidentemente no es así, ya que no hay buenos ni hay malos, simplemente hay personas más sensibles, personas con una sensibilidad media y personas con poca sensibilidad. No olvidemos que, de la misma manera, la gente menos sensible nos puede tachar de histéricos o susceptibles, viéndose ellos como los buenos. Está claro que el camino del respeto y de la comprensión mutua no va por ahí.

También puede pasar que el PAS que ha descubierto que su sensibilidad es simplemente un rasgo, al cabo de poco tiempo se sienta todavía menos comprendido que antes y que la euforia del principio se convierta en decepción, tristeza y amargura. Esto le puede pasar a la persona que, nada más descubrir que su sensibilidad es algo legítimo, empieza a contarle a todo el mundo que hay que tenerle respeto y hay que dejarle el espacio necesario porque es PAS; incluso puede llegar a exigir ese respeto y ese espacio. Si luego no le entienden y se ríen de él es más que probable que se sienta ridiculizado, con todo el dolor que esto conlleva. Sé de personas que han actuado de esta manera y que después no veían otra opción que la de dejar su trabajo —libremente o porque se ponían enfermos con una depresión— porque no soportaban los comentarios y las bromas desagradables de sus colegas. Creo que es evidente que este tampoco es el camino.

¿Entonces cuáles son los pasos a seguir una vez has descubierto que eres una persona altamente sensible?

¿Qué puedes hacer para evitar que tu descubrimiento se te vuelva en contra?

Ante todo: **No corras.**

Tómate el tiempo necesario para familiarizarte con todo lo que la alta sensibilidad conlleva. Tómate tiempo para investigar y aprender. Tómate ese tiempo tanto para conocer sobre la alta sensibilidad en general como para la investigación de tu caso particular, ya que –y lo vuelvo a repetir– todos los PAS somos diferentes. Si es necesario, vuelve a leerte el capítulo anterior y marca todas las facetas en las que te ves reflejado. También puedes hacer el test del apéndice del libro para ver claramente cuáles son los puntos en los que tu sensibilidad te causa más problemas.

No siempre es una buena idea explicarlo todo. A veces puede ser prudente decir solamente que necesitas un poco de espacio, de tiempo, de distancia, de tranquilidad o lo que sea. Nadie quien de verdad te respeta te querrá menos porque hayas empezado a vigilar tus propios límites. Y si, por el motivo que sea, decides explicarlo todo no olvides hacer énfasis en tus cualidades: eres una persona fiel y cariñosa, trabajas con mucha atención por el detalle, eres creativo, te importan los valores, la estética, las relaciones personales y el bienestar de la gente en general, tienes capacidades de escucha... Vamos, utiliza tu sensibilidad para detectar cuánto y qué puedes contar a quién y de qué manera conviene desvelarte.

Sin querer ser negativa, es un hecho que siempre habrá personas que no te entiendan. Hay personas que, simplemente, no entienden ni entenderán de qué hablas porque es un tema completamente ajeno a su propia forma de ser. También hay una categoría de gente que no quiere entender nada de la sensibilidad porque no les interesa y lo perciben como algo exagerado. Si topas con estas personas no insistas con tu historia, no vale la pena. Recuerda, no todo el mundo tiene por qué comprenderte.

Te aviso, habrá quien se burle de ti. Es importante comprender que, si esto ocurre, ese tipo de reacción no dice nada en absoluto sobre ti. Si alguien se ríe de tu sensibilidad esto, solamente, quiere decir que esa persona no te entiende, no quiere decir que la sensibilidad sea algo ridículo, porque no lo es. Y tú tampoco lo eres. No quiere decir que tener sensibilidad es algo para débiles o tontos. Eres sensible, pero de débil o de tonto no tienes ni un pelo. Eres una persona que vive desde su corazón. Utiliza esa capacidad, la capacidad de pensar con el corazón, para aceptar a todo el mundo tal como es. Al final es más fácil y lógico que tú aceptes a los demás en lugar de esperar o exigir que los demás te acepten a ti.

Tal vez, como consecuencia de tu descubrimiento, esperes que los otros se adapten a tu sensibilidad. Puede pasar que, a raíz de saber que tu necesidad por la tranquilidad, espacio personal, tiempo para practicar tu arte, etc., es algo legítimo, en lugar de algo "enfermizo", empieces a exigir a los demás que se adapten a ti. Decía Clara:

«Después de haberme dado cuenta de que mi sensibilidad era algo legítimo, que no estaba enferma como Carlos, mi marido, siempre había sugerido, le expliqué todo lo que había leído, comprendido y reconocido. Me sentía incluso eufórica, y le dije que, a partir de ahora, iba a trabajar dos días a la semana menos para poder dedicarme a pintar. Para mí pintar siempre había sido mucho más que una afición pero, por el horario de mi trabajo, casi nunca me quedaba tiempo ni energía para dedicarme a ello. Después de entender sobre mi sensibilidad comprendí la importancia que tiene la pintura para mí y la necesidad de seguir ese anhelo de mi corazón.

Aunque la reacción de Carlos en principio fue positiva, y de verdad se alegró cuando supo sobre mi descubrimiento, se opuso fuertemente a mi deseo de trabajar menos. Nos peleamos y la cosa incluso se volvió fea. Al final me doy cuenta de que mi marido no me comprende. ¿Qué puedo hacer?»

Pobre Carlos… Para poder llegar a final de mes, él tendrá que trabajar incluso los fines de semana para que Clara pueda pintar. Es evidente que esto tampoco es plan, y no es de extrañar que se enfadara con Clara. No os preocupéis, Clara y Carlos siguen juntos y no les falta de nada. Lo que pasó fue que Clara, después de descubrir qué le pasa, tuvo bastante tiempo para digerir toda la información encontrada y para decidir que iba a trabajar menos porque dedicarse a una actividad creativa le parecía una buena y legítima decisión. Acto seguido: se lo presentó a Carlos como un hecho definitivo. Carlos, aunque se alegró muchísimo por lo que le contaba su mujer en cuanto al tema de la alta sensibilidad, se veía incapaz de aceptar que ella fuese a hacer algo divertido mientras que esto, en la práctica, significaba que él tendría que trabajar muchas horas extra. Clara, en su euforia, y a pesar de su capacidad para pensar con el corazón, no pensó en las consecuencias que su decisión implicaba para Carlos.

El alivio y la alegría de descubrir que no eres un bicho raro puede tener como consecuencia que, de repente, empieces a exigir a tu entorno que te vean y te acepten como una persona normal con sus derechos. Y puede ser que con esto te pases, como para compensar todo el tiempo que has tenido esa autoimagen de diferente y débil. De repente te has dado cuenta de que valgas, que tus "manías" son legítimas y ahora quieres ejercer tus derechos, sin embargo, de paso, te olvidas de los derechos de los demás. La euforia de nuestro descubrimiento nos hace crecer y engordar emocionalmente y es por eso que, en cierto modo, buscamos obtener más espacio para afirmarnos. Menos mal que uno, generalmente, no tarda mucho en volver al estado natural, el estado de pensar con el corazón. Clara, al verse confrontada con la indignación de Carlos, comprendió que era una injusticia exigirle que trabajara más porque ella, de repente, tenía la necesidad de dedicar bastante más tiempo a su actividad creativa.

Veamos qué le pasó a Juan Antonio después de descubrir que es una Persona Altamente Sensible:

> «Me sentí eufórico y después comprendí que esto le pasa a todos los PAS cuando descubren que no son extraterrestres. De repente cogí una fuerza como nunca había sentido, percibí el mundo como si hubiese dos grandes grupos: los malos y los buenos. Los buenos, claro, eran los PAS. Sentí una superioridad enorme por despreciar a los malos que, a mi parecer, solamente estaban destruyendo el planeta. ¡Ojalá todo el mundo tuviese una sensibilidad como la mía! Lo tenía muy claro, ellos tenían que cambiar y yo les iba a enseñar cómo.

> «Gracias al coaching empecé a ver que el tema igual no era tan blanco o negro, la vida transcurre en el inmenso campo de los innumerables grises. No hay buenos y malos, hay personas con luces y sombras y todos tenemos ambas. Una cosa es cierta: el cambio empieza con uno mismo. Cada uno es responsable de aquello que piensa, siente, hace y dice. Esto implica que cada uno es responsable de sus actos. ¿Cómo puedes esperar, hasta exigir, de la otra persona que cambie, si no cambias tú? Gandhi ya lo decía, y no podía decirlo más claro: "Sé el cambio que quieres ver en el mundo". En lugar de perder tiempo y energía criticando y enfadándote, mejor dedica tu tiempo y energía en cosas positivas.

> «A veces es necesario pasar por una experiencia dolorosa y difícil para que veas la necesidad de "ser el cambio", mientras que después mucho depende de tu perseverancia en tu propio proceso de cambio».

Juan Antonio también pasó por un mal momento en su relación de pareja. A María, su mujer, le costaba aceptarle con su actitud de "soy el bueno y tú eres la mala", pero lo que más le dolió fue que ya no estaba dispuesto a dialogar. Cuenta ella:

> «Cada vez me decía: "tienes que aceptarme como soy. Si no te gusta, te puedes ir". Yo no quería irme, para nada, quería hablar con él, pero era imposible. Quería buscar soluciones, porque yo también tengo mis necesidades...»

Llegó el momento en que María se fue porque no aguantaba más. Su acto hizo reflexionar a Juan Antonio, ya que la quería y la echaba de menos. Empezó a darse cuenta de que saber que eres altamente sensible en sí no es suficiente. Si sientes la necesidad de imponerte, de exigir a otra persona que te acepte tal como eres, más que probable sea porque todavía no hayas sabido integrar la forma cómo la sensibilidad influye en tu forma de vivir y experimentar el mundo.

Si, por ejemplo, te irrita que tu hijo escuche su música a un volumen que a ti te molesta, aunque en realidad el nivel de decibelios en sí no es nada exagerado, tienes varias opciones. Puedes intentar hablar y razonar con él, puedes explicar que te molesta porque estás cansado, porque te duele la cabeza, porque tienes que realizar un trabajo que exige tu máxima concentración durante unas horas o por lo que sea. Puedes explicarle tu necesidad y pedirle que se ponga sus auriculares. O tú te puedes poner tus auriculares o unos tapones, puedes ir a trabajar a otro sitio donde haya menos ruido, puedes cambiar el horario de hacer ese trabajo para el que necesitas tranquilidad... Casi siempre se puede encontrar alguna solución. La cuestión es, una vez que hayas tomado conciencia que tu sensibilidad para una serie aspectos de la vida es mayor que la sensibilidad, digamos, media, hay que procurar hacerse dueño de ella y de todo aquello que conlleva. Esperar o exigir que los demás se adapten a tu sensibilidad pocas veces lleva a una situación ideal, y en el caso de que lo consigas, es raro que perdure en el tiempo. Mucho mejor es responsabilizarte de tu forma de ser y aprender maneras de transformar algo negativo en algo positivo.

Las Trampas

Algo que siempre sale en mis talleres es el tema de las trampas. Si experimentas la extrema sensibilidad, o parte de ella, como algo difícil o como una complicación, es probable que no tengas conciencia de una serie de factores que suelen influenciar en tu comportamiento, aumentando los efectos de esa sensibilidad. Estos factores, que suelo llamar las trampas, pueden ser los siguientes:

- Cansancio

- Estrés

- Hambre repentina

- Impulsividad

- Expectativas

- Saboteadores

- Proyectar

- Sobrecarga de información

Vamos a ver esos factores uno por uno para entender por qué pueden representar una trampa para la persona altamente sensible.

El cansancio

El cansancio es sin duda la trampa número uno. Cansancio y sueño, evidentemente, van de la mano. Es obvio que si una persona no duerme lo suficiente al día siguiente se encontrará cansada, sin embargo, si una persona altamente sensible no duerme lo suficiente es muy probable que al día siguiente se encuentre crispada y nerviosa. ¿Dónde está la diferencia? La diferencia es que el PAS necesita dormir más y mejor que la persona menos sensible.

Durante el día el PAS va recibiendo muchos estímulos, ya hemos visto que la cantidad de información que acumula es enorme. ¿Os acordáis de la pequeña escena que describí en el capítulo 1 de la pareja, uno PAS y el otro no-PAS, que visitan la casa de sus amigos? Esto solamente era un ejemplo, pero imagínate el PAS que hace su compra en un centro comercial, o, peor todavía, ¡un PAS que trabaja en un centro comercial...!

Si piensas en la cantidad de bits (un bit es la unidad mínima de información) que vas recibiendo en un día y, si sabes que esa cantidad, dependiendo de tu grado de sensibilidad, supera muchísimas veces la cantidad que recibe una persona no-PAS, seguro que también comprenderás que necesitas mucho más tiempo para digerir y almacenar toda esa información. Os hablé del filtro y del archivo. Procesar información cuesta energía y cuesta tiempo. Si no existe un buen equilibrio entre el procesar de la información recibida y la creación de nueva energía, se va creando un déficit. Como te puedes imaginar, este déficit se creará mucho más rápido en un PAS que en un no-PAS, mientras que, evidentemente, también crecerá de forma exponencial. Está claro, pues, que te agotas antes. La tendencia de compararte con otra gente, con otros que no son PAS, te puede pasar factura.

Una manera de evitar la acumulación de información, que todavía no está almacenada, es la de hacer pequeñas pausas durante el día. Una meditación, dar un paseo, tomarte un té mientras miras el paisaje, pueden ser buenos métodos para ir despejando la mente durante el día. Pero es solamente durante el sueño que la mente realmente puede desconectar y generar nueva vitalidad.

La persona altamente sensible que llega a sus ocho, nueve horas de sueño, tendrá menos problemas para afrontar el día siguiente. El PAS descansado empieza su día con su filtro limpio, y por lo tanto aguanta más. Y no solamente aguanta más, es que su sensibilidad le causará menos efectos negativos. Es especialmente cuando los filtros se atascan, por acumulación de información no procesada, que el PAS empieza a notar la sombra de su sensibilidad.

El cuerpo avisa cuando los filtros se están saturando. Es posible que empieces a tener una sensación como si la piel se fuese haciendo más fina o más porosa, con lo cual, sencillamente, te costará más mantener el control de los límites personales. Puede ser que desarrolles un dolor de cabeza o tensión en la zona de las cervicales. Prestando atención a este tipo de sensaciones es de suma importancia, ya que mucho depende de ella. Es una señal de alarma de tu cuerpo y conviene tomarla muy en serio.

La saturación, y luego la sobresaturación, son el preámbulo del estrés y del estrés crónico. Es por esto que el cansancio es la trampa número uno. Dormir lo suficiente y vigilar el estado de tu filtro impide caer en esta trampa.

El estrés

Está claro que la trampa del cansancio está directamente vinculada a la trampa del estrés, una persona cansada se estresa antes que una persona bien descansada. Sin embargo, la trampa del estrés es un poco más complicada.

Para la gran mayoría de los PAS el estrés es un fenómeno bien conocido. Dormir poco te hace más susceptible al estrés, eso sí, pero incluso si sueles dormir bien habrá momentos y situaciones en que el estrés te pueda.

¿Qué es exactamente el estrés? El estrés, palabra que proviene del inglés stress, significa tensión en general, pero cuando se habla de estrés solemos pensar en una tensión interior provocada por presión exterior. Un poco de estrés, un poco de tensión, durante algún tiempo, generalmente es llevado bien –también por los PAS– pero en cuanto la presión aumenta en intensidad y se va prolongando en el tiempo tarde o temprano llega el momento en el que se agotan las reservas que nos permitían absorberla. Si esto pasa, existe el riesgo de que la tensión interior se convierta en una sensación de agobio agudo.

Muchas personas sufren de estrés, de hecho, el estrés es considerado una de las enfermedades típicas de nuestros tiempos, casi es inherente a la vida que llevamos: tenemos muchas (demasiadas) cosas por hacer, queremos participar en muchas actividades, la casa y la familia nos exigen tiempo y dedicación, vemos mucha miseria y sufrimiento en la tele… Tenemos que asimilar un sinfín de cosas y nos exigimos demasiado. No solemos tomarnos el suficiente tiempo para comer bien, sentados y con calma, y siempre nos parece eludir ese espacio de tiempo que habíamos destinado a alguna actividad para cargar las pilas. La vida nos vive, en lugar de nosotros vivir la vida, y esto se paga con estrés, se paga con salud. En comparación con alguien que tiene una sensibilidad media, la persona altamente sensible se estresa antes, y posiblemente también, en muchos casos, por motivos que a la mayoría de la gente no le afecte en absoluto.

Existen muchos estresores, o sea, factores que provocan el estrés, y como PAS evidentemente tendrás tus propios estresores que forman parte de tu cuadro particular. Por ejemplo, si tú, como PAS, tienes dificultad de realizar un trabajo sabiendo que mucha gente te está observando, es probable que ya empieces a estresarte de antemano. Presión laboral, familiar, ruidos constantes, obligaciones y tradiciones, conflictos, deudas… son solamente unos ejemplos.

El estrés es un tema muy serio, especialmente para un PAS. Parece inocuo, y muchas veces te sentirás obligado (o te obligan) a continuar en una situación, con la idea de que es algo pasajero y llevadero. Vas aguantando, y puede que vayas sobrepasando tus límites sin enterarte, hasta que empiezas a sentirte mal. Al mismo tiempo hay una tendencia de compararte con los demás: si Fulano es capaz de aguantar yo también debería poder. No te equivoques, cada ser humano tiene su propio umbral de aguante. Sabiendo que un PAS llega mucho antes a la saturación sensorial, se comprende que el umbral de la persona altamente sensible es evidentemente bastante más bajo que el umbral de la mayoría de personas. Observa, por tanto, bien las señales de tu cuerpo y no subestimes los efectos de una presión continua, ya que el estrés puede ser el principio de enfermedades como la depresión y, en último caso, del burn-out, la enfermedad que te hace ver que estás quemado, es decir, que tus fuerzas vitales están profundamente agotadas.

¿Cuáles son las señales a observar? Los problemas suelen empezar cuando pierdes la capacidad de relajarte. Veamos, por ejemplo, una situación laboral. Pequeñas cosas empiezan a irritarte, aparentemente son tonterías (como ese colega en el trabajo que tiene la costumbre de aclararse la garganta cada dos por tres) pero, en lugar de que tu irritación se calme después de un rato, aumenta. Luego te empiezan a irritar más cosas de otras personas, cosas que nunca habías notado antes. La irritación va en creciendo y llega el momento en el que todo te molesta. Empiezas a tener problemas de sueño, te levantas cansado y de mal humor, puede que te resfríes, incluso, notas como tu memoria empieza a fallar... Pero por miedo a perder tu trabajo, sigues aguantando y sigues acudiendo, aunque, en realidad te hubiese venido mucho mejor librar unos días o tomarte unas vacaciones.

Mientras tanto, el trabajo en casa se va acumulando y el montón de ropa para planchar crece y crece, tendrías que pasar la aspiradora y recoger. Los niños te necesitan, y parece —es la sensación que tienes¬– que te necesitan incluso más que antes. Vas entrando en un círculo vicioso que es dificilísimo romper. Y, casi lo peor de todo esto, es la impotencia de no dar abasto, algo que hace que cada vez pierdas más la confianza en ti mismo.

El estrés es una trampa enorme porque muchas veces no te das cuenta de que has entrado en esa espiral hasta que ya estás bien metido. Por lo tanto, es muy, pero que muy importante cuidarte bien y vigilar esos síntomas. Claro, hay pastillas para dormir, hay pastillas para calmar tus nervios, incluso parar los ataques de ansiedad, pero esos medicamentos son no más que tiritas que no hacen nada para cambiar esa situación de fondo que te puede y que te tiene atrapado. Es más: no es probable que la situación cambie por sí sola, el cambio tiene que venir de ti. Tú eres la persona que tiene que ir en busca de un nuevo equilibrio vital, y cuanto antes lo hagas, mejor. Mucho mejor si tú cambias tu estilo de vida, porque si no, es más que probable que la vida de obligue a parar.

Hambre repentina

En el primer capítulo hemos visto que al PAS le puede ocurrir que su estado de ánimo sufra un cambio repentino. Puede ser que en un momento dado te sientas bien y estés trabajando concentrado y con gusto, y entonces, casi de repente, todo empieza a irritarte y molestarte (de un momento a otro, te crispas con todo y con todos de tu alrededor). Es una trampa, ya que en muchos PAS existe una relación directa entre el hecho de tener la tripa vacía y un cambio brusco del humor. Tal vez, incluso, te hayan acusado de sufrir un trastorno bipolar, mientras que, en el fondo, ese cambio de humor no es más que una señal de tu cuerpo indicando su necesidad de nutrientes.

Evidentemente, no todos los PAS tendrán este problema pero si te suena el tema de repentinos cambios de humor presta atención a estos momentos. Es muy probable que poco a poco vayas relacionando esos cambios con una vaga sensación de hambre. Obviamente la solución es simple: si comes algo —preferiblemente algo sano que nutra bien— verás como en pocos minutos vuelves a sentirte bien y amable.

Impulsividad y el "buscador de sensaciones"

No todos los PAS son impulsivos. Se estima que aproximadamente un treinta por cien de los PAS tienen la tendencia de un comportamiento predominantemente impulsivo. Este treinta por cien también se suele caracterizar por la ausencia de timidez (tan presente en la mayoría de los PAS), por una necesidad de encontrarse con mucha gente y por tener un carácter generalmente más bien extravertido. Si eres un PAS más bien introvertido, a lo mejor te cueste comprender que existan personas altamente sensibles que justamente necesiten mucha gente, música alta y deportes de riesgo para sentirse bien, pero te aseguro que este tipo de PAS no es menos PAS que la persona de carácter introvertido. Aparte de la faceta de la extraversión, este tipo de PAS se parece en todos los otros aspectos a la persona altamente sensible con un comportamiento más tranquilo y menos parlanchín: aguanta igual de mal el dolor, también se estresa con facilidad, y frecuentemente presenta intolerancias al café, a determinados nutrientes o medicamentos, etcétera. Aunque, aparentemente, pueda aguantar una mayor cantidad de estímulos que el PAS introvertido, no es cierto, ya que necesita desconectar antes, e incluso más frecuente, apartándose y buscando un sitio tranquilo para encauzar la gran cantidad de información recibida y también recargar sus pilas.

El PAS extravertido, también llamado «buscador de sensaciones», a veces demuestra una tendencia a reaccionar en seguida, por no decir de manera instantánea, a los impulsos recibidos desde el exterior. Esto suele ocurrir en situaciones que le resuenan especialmente fuerte y, por tanto, es algo con lo que se puede identificar en cuerpo y alma. Un buen ejemplo de este tipo de comportamiento podría ser cuando se enamora a primera vista: no se lo piensa ni un segundo y se lanza a celebrar su amor.

> «Muchas veces me cuesta frenarme; quiero algo, me lanzo sin pensarlo y luego me arrepiento», cuenta Nieves, y pregunta: «¿Es normal que una persona altamente sensible sea

impulsiva?» -Me explica que muchas veces se exaspera consigo misma porque su tendencia impulsiva le acarrea bastantes problemas. No solamente le pasa que, a menudo, compra cosas que en el fondo no quiere comprar ni necesita —su última adquisición en este sentido fue un sofá carísimo—, sino que incluso se casó con un hombre a quien realmente no quería. Investigando el tema con ella hemos descubierto que cuando algo corresponde a una -supuesta- necesidad o a un deseo suyo (en la mayoría de los casos se trata de deseos inconscientes, está claro), en seguida, bien ya se ve sentada en ese sofá carísimo, bien ya se ve haciendo un curso que no puede permitirse de ninguna manera y que en realidad tampoco le aportaría gran cosa, bien ya se ve dando largos paseos con un perro que ha visto en un anuncio y que en realidad no puede cuidar por falta de tiempo, bien ya se ve casada con un hombre al que acaba de conocer y que (¡segurísimo!) le va a solucionar la vida (pero quien, en la realidad, tal como se presenta, la maltrata).

La persona altamente sensible suele tener mucha imaginación. Es una cualidad que, en su justa medida, nos hace un poco o muy artistas. Tenemos ideas que pueden ser fantásticas y muy inspiradas, pero si las llevamos directamente a la acción sin, al menos, tomarnos el tiempo necesario para investigar su viabilidad, corremos el riesgo de equivocarnos.

El ser humano es humano por reunir en sí, en su alma, la capacidad de pensar, la capacidad de sentir y la capacidad de actuar. Lo ideal sería el equilibrio entre las tres. Una percepción (el sofá, el curso, el perro o el hombre) da lugar a pensamientos, esos pensamientos dan lugar a sentimientos y los sentimientos a acciones. Cuando decimos "sentimientos" podemos pensar en el corazón como el lugar donde viven los sentimientos, cuando decimos "actuar" podemos pensar en las piernas y los brazos, necesarios para entrar en acción, y cuando decimos "pensamientos", evidentemente imaginamos la cabeza, sin la cual, sería difícil procesar las informaciones que vamos recibiendo desde el exterior.

Cuando hablamos de una persona equilibrada, estamos pues hablando de una persona que se mueve "por partes iguales" entre su pensar, su sentir y su manera de actuar. Un desequilibro entre estas tres funciones del alma puede dar lugar a una situación como la que acabamos de ver. La persona altamente sensible suele tener muchos sentimientos. Es alguien que, predominantemente, vive desde sus sentimientos, desde sus emociones, es muy difícil conseguir un equilibrio si, ya de entrada, el sentir tiene tanto −demasiado− peso. La tendencia suele ser que el sentir, en lugar de actuar como "mediador" entre el pensar (nuestra capacidad de racionalizar) y la acción, se dispara hacia uno u otro, el pensar o la acción, con lo cual el desequilibrio está servido.

En muchos PAS notamos la tendencia hacia una unilateralidad, en la que el sentir se une al pensar y no deja a penas energía para la acción. Con otras palabras, la persona se estanca en el sentir y el pensar. Es este el perfil del PAS al que le cuesta tomar decisiones y ponerlas en la acción.

De la misma manera vemos como, en la persona altamente sensible con tendencia impulsiva, su exceso de sentir se une a la acción, sin reservar fuerzas para el pensar.
Incluso, puede ser que el mismo PAS manifieste ambas tendencias, según el tipo de situación a la que se ve enfrentado, o sea, a veces le costará ponerse en marcha o tomar decisiones, mientras que en otros momentos expondrá un comportamiento más bien impulsivo, saltando el paso de tomarse tiempo para la reflexión necesaria.

Volviendo a la pregunta de Nieves – «¿Es normal que una persona altamente sensible sea impulsiva?»¬– hay que decir que sí, es algo que puede ocurrir, aunque para un PAS es más probable la variante en la que el sentir se une con el pensar.

La impulsividad, o la reactividad, es una trampa importante que, por su componente inherente de prisa, es difícil de controlar. Entender de dónde viene la impulsividad y reflexionar sobre los hechos puede ser un paso muy importante hacia una forma de actuar más equilibrada. En el capítulo 3 entramos un poco más en la dinámica del pensar, sentir y la acción.

Expectativas

La persona altamente sensible posee una capacidad extraordinaria para montarse películas y su fantasía da para todo, pero sobre todo para temas relacionados con problemas, y de verdad que hasta este momento no he encontrado a ningún PAS que no la tenga. Por ejemplo: te sientes con pocas fuerzas, vas al médico, el médico te manda hacer análisis y, desde el momento en el que te da la hojita para el laboratorio hasta el momento en el que tienes los resultados, mentalmente has pasado por toda una enciclopedia de enfermedades de lo más terribles y temibles, has pensado escenas en las que te ves reorganizando y cambiando tu vida y, probablemente, también hayas decidido cuál es la causa de haberte puesto tan enfermo. Y al final, resulta que no estás enfermo, el único problema que tienes es que te falta hierro. Claro, esto es un caso extremo, pero nos suele pasar en todos los ámbitos. Cuenta Carlos:

> «Mi jefe me mandó un mensaje, quería verme el día siguiente por la mañana. Era un mensaje corto sin ningún tipo de explicación, lo recibí y lo leí. En seguida me puse tan nervioso que pensaba que lo había leído mal, aunque era imposible leerlo mal ya que era solamente una frase: "Ven mañana a las 10 a mi despacho. Juan". Me empezó a doler la barriga y comencé a sudar. Pensaba: "Ni siquiera ha puesto 'Hola Carlos', o 'Un saludo, hasta mañana'. Esto huele mal". Empecé a pensar en las cosas que había hecho en los últimos días, en el resultado de mi trabajo, en las conversaciones que

había tenido con los colegas (¿había dicho algo malo?), en los presupuestos que había preparado y presentado… Mirando mis acciones críticamente encontraba (supuestos) fallos en todo, con cada tema que pasaba por mi mente me veía peor. Me decía: "No valgo para este trabajo. Juan también se ha dado cuenta y me va a despedir. Es por eso que quiere verme". Evidentemente, esa noche no pegué ojo. Al día siguiente me presenté en el despacho de Juan, preparado para recibir esa noticia que tanto temía.

La noticia que Juan me quería dar era otra: estaba pensando en un proyecto nuevo para mi departamento y quería saber mi opinión».

Ambas historias son un ejemplo de la capacidad de montarse historias que suelen tener los PAS. Está claro que no todas las películas son tan dramáticas, ¡y menos mal!, pero es un hecho que, muchas veces, tienen que ver con fantasmas desagradables. Este tema tiene una relación directa con la siguiente trampa: los saboteadores.

Saboteadores

Llamo saboteadores o gremlins a esos pensamientos negativos del tipo «no puedes», «no vales», «nadie te quiere» o «esto es un desastre». Son pensamientos que nos van amargando la vida y nos hacen ver problemas donde en realidad no los hay. Pero estos pensamientos, que son fruto directo del potente saboteador llamado el Crítico Interior, no son los únicos. Hay muchos más pensamientos que vienen de todo tipo de saboteadores, que hacen lo posible para quitarte las riendas de tu vida sin que te des cuenta de que son ellos los que mandan, y no tú mismo. Vaya, son muy listos.

Si intentas ver esos pensamientos por categorías, seguro que te costará menos reconocerlos. Por ejemplo, ¿qué te parece el Perfeccionista? Muchos conocemos esa vocecita en nuestro interior que suele interferir en aquellas situaciones en las que notamos que algo no está "perfecto" y nos está molestando: el cuadro que no cuelga en un ángulo perfecto, la mesa no bien puesta, un pelo suelto en el jersey de alguien… El Perfeccionista dentro de ti no lo aguanta y como la consecuencia te pones muy nervioso si no puedes hacer algo ya para remediarlo. Algunos PAS tienen ese saboteador-Perfeccionista tan fuerte que llegan a cansarse de él ellos mismos, sobre todo cuando el entorno les hace ver que sus reacciones a veces son un poco exageradas.

Otros ejemplos de saboteadores muy conocidos para los PAS son: el Complaciente, el Controlador o el Empujador, que sería el primo hermano del Impaciente. También puedes pensar en saboteadores no tan populares entre los PAS como el Agresivo, el Egoísta, el Rebelde o su opuesto, el pesado Normativo.

Es importante reconocer que los saboteadores que vayas identificando en tu interior no son tus enemigos, ya que, lejos de quererte hacer daño, te quieren proteger y ayudar. Viven en ti porque en algún momento, más que probable por situaciones que se presentaron en tu infancia, han tenido que empeñar un papel que en ese debido momento te era útil.

El saboteador viene a ser un saboteador en toda regla cuando se asoma y se hace oír en momentos inoportunos, haciéndote creer algo que, en el fondo y en el aquí y el ahora, no es verdad. Aparte de reconocerle y darte cuenta de que la vocecita en tu cabeza no proviene de tu "yo", sino que pertenece a un programa tuyo adquirido durante la infancia, lo mejor que puedes hacer es establecer una conversación interior con el saboteador en cuestión para, así, aplacarle. Es fundamental comprender que intentar suprimirlo no es lo mejor que puedes hacer, pues todo lo que intentes evitar se hace más fuerte. Más adelante, en el siguiente capítulo, puedes leer más sobre el tema de los saboteares, y sobre lo que puedes hacer para calmarlos.

Proyectar

La trampa de proyectar tiene que ver con la intuición por un lado y la empatía por otro. Dos de los motivos por los que la alta sensibilidad es considerada un don son: la elevada capacidad intuitiva que suelen tener los PAS y su empatía natural. En las personas con sensibilidad elevada existe una estrecha relación entre esta capacidad intuitiva y la disposición empática.

Las intuiciones recibidas muchas veces son correctas pero no siempre, te puedes equivocar; eres humano. Te puedes equivocar cuando estás cansado, por ejemplo, o cuando tienes prisa o estrés de cualquier tipo y, en esos momentos, la información que recibes quizás no sea limpia, sino que lleva algún sentimiento o pensamiento tuyo, con lo cual estás proyectando. Cuando esto ocurre, y no lo notas, te estás basando en tu intuición para llegar a conclusiones que, probablemente, son erróneas porque la trampa de la proyección está trabajando.

Para evitar equivocaciones de este tipo sería buena idea verificar siempre la intuición y, si esto no fuera posible, por lo menos no la tomes como ley, quédate abierto a la posibilidad de haberte equivocado. No está de más, pues, verificar si aquello que crees intuir es correcto. Una simple pregunta puede prevenir muchos problemas y malos entendidos.

Sobrecarga de información o saturación

Llegamos a una sobrecarga de información porque, como persona altamente sensible, nos llega toda clase de información. Te llega información sin que quieras que te llegue, es algo muy difícil de controlar, e imposible controlarla totalmente, de hecho la publicidad, con sus mensajes subliminales, se basa en esto. No hace falta ser PAS para que tus sentidos hagan su trabajo, que actúan de forma automática (hecho absolutamente milagroso), pero si eres PAS te llega mucha más información que a la gran mayoría de la gente y, por lo tanto, no es de extrañar que la capacidad de recibir y almacenar información del PAS se sature antes.

La mayoría de las personas altamente sensibles no solamente percibimos más en cuanto al entorno físico material, sino también recibimos y registramos información de la categoría «sexto sentido», o sea, información no tangible a través de uno o varios sentidos invisibles y no medibles como son los chakras. Este sexto sentido suele funcionar como un saco para todo aquello que llamamos intuición.

¿Son iguales todas las personas altamente sensibles?

Hemos hablado todo el tiempo de un rasgo, del rasgo de la alta sensibilidad. Hemos dicho que la persona altamente sensible presenta un cuadro de características y hemos hecho un repaso de ellas. Muchas de estas características se pueden tomar de las preguntas del test que está en el apéndice de este libro. Aun así, es muy probable que dos PAS que comparten las mismas características en cuanto a su sensibilidad, sean personas totalmente diferentes. Vamos a ver qué pasa. Evidentemente un PAS es mucho más que solamente una persona muy sensible. Podríamos decir que la sensibilidad influye en la manera cómo nos relacionamos con el mundo exterior. Recibimos la información del mundo exterior a través de una serie de filtros muy finos. La forma de procesar la información recibida influye en nuestro comportamiento, en la manera en la que luego interactuamos con el mundo. Como todo el mundo, nos podemos emocionar, podemos crisparnos, a veces nos sentimos abrumados, etcétera, pero como persona altamente sensible, como una persona que suele vivir predominantemente en el sentir, en la emoción, nos emocionamos antes y más que la persona con una sensibilidad mediana. Tener fuertes reacciones emocionales, pues, es una consecuencia directa de nuestra elevada sensibilidad.

Imaginémonos un PAS que está observando un paisaje precioso, tal como puede ser un valle verde con prados, con bosquecillos y con un riachuelo, montañas con nieve virgen o una puesta del sol sobre el mar... Las reacciones dependen de la persona: uno se emocionará tan profundamente que se le saltarán las lágrimas, otro empezará a suspirar, a otro le puede entrar una enorme necesidad de meditar, o de pintar, o sentirá como en su interior nace una bella poesía. De la misma manera, puede haber una persona altamente sensible a la que, a pesar de su alta sensibilidad, ese mismo paisaje no le produzca ningún tipo de reacción especial, porque esté cansada o porque se encuentre en compañía de alguien que le absorba toda su energía o atención.

Influyen muchos factores en cómo nuestra sensibilidad se pone de manifiesto. La mujer suele tener una reacción distinta al hombre, y si una persona es de carácter introvertido es posible que su emoción pase desapercibida por la gente de su entorno, mientras que un extravertido suele ser incapaz de disimular los sentimientos que viven en su interior.

Las tres funciones del alma: Pensar, Sentir y Hacer

> *'La felicidad se alcanza cuando lo que uno piensa, lo que uno dice y lo que uno hace están en armonía". Gandhi*

Otro factor que determina la forma de vivir la sensibilidad es el factor anímico. Rudolf Steiner, hablando sobre la psique de las personas, distingue tres funciones del alma: el pensar, el sentir y la acción, o el hacer. Aunque, evidentemente, lo ideal sería, como ya hemos visto, un equilibrio entre las tres funciones, en general se puede decir que en cada persona, indistinto su grado de sensibilidad, predomina en mayor o menor medida una de los tres funciones, o una combinación de dos.

Sensible o no, hay personas que son más analíticas en su forma de abordar el mundo, tienen la tendencia de querer comprenderlo todo. El pensar se sitúa en la cabeza y si pensamos en términos relacionados con pensar nos surgen conceptos como: claridad, delimitado y nítido, analítico, despierto y causalidad.

La nitidez es una de las cualidades del PAS. La capacidad de analizar también lo es. Sin embargo, en muchos PAS existe la tendencia de sobre analizar las cosas. El pensador sensible tiende a analizar y de volver a analizar. Analiza y busca la perfección hasta, en el caso extremo, poder obsesionarse con ella. La mente se llega a saturar y la persona se bloquea. El perfeccionismo, como es algo inalcanzable, puede llevar a la desesperación y al agotamiento. Cuando la persona se bloquea, se puede decir que su "yo" se retira un poco de su corporalidad y, como el "yo" es la parte del individuo que lleva el volante o batuta está un poco retirado, pierde la capacidad de entrar en acción. Bloquearse, en el fondo, es paralizarse y si esto ocurre es posible que la persona se asuste y sienta miedo porque no entiende qué le pasa. Cuando las emociones se ponen en estado de alerta y el "yo" se aparta, existe una gran posibilidad de que la persona empiece a tener palpitaciones en el corazón, que su respiración se altere provocando un ataque de hiperventilación, acabando, en el peor de los casos, en un ataque de pánico.

Otra faceta que encontramos en el pensador sensible es su amor por las teorías. Suele conocer muchas teorías para muchísimas cosas, es capaz de razonar lo que sea, pero raras veces se ve capaz de poner sus ideas en la práctica, o sea, de darles "pies". En este sentido se puede decir que le falta tierra.

La persona altamente sensible que vive predominantemente en el pensar suele tener dificultad de dejar la cabeza, de discernir sus diferentes emociones y de entrar en acción. Es probable que le falte la flexibilidad para poder soltar un tema con facilidad e intentar otro camino para buscar una solución distinta.

De la misma manera, hay personas que en primer lugar se dejan llevar por los sentimientos y las emociones. Y así como el pensar se sitúa en la cabeza, podemos decir que el sentir vive en el pecho del hombre, en el corazón, pero también en los pulmones, mejor dicho, en todos los procesos rítmicos. Esta imagen nos lleva a conceptos como sopesar, juzgar, comprender, pero también a la fantasía, a la creatividad y - muy importante- a la conexión social. Donde en el pensar la persona está más bien despierta, aquí, en el sentir, la sensación predominante es más bien la de dejarse llevar y soñar.

Existe una estrecha relación entre la alta sensibilidad y el sentir. La mayoría de los PAS se mueve en este terreno y su emocionalidad positiva forma la base de su gran capacidad empática. Nadie tiene que enseñarle a un PAS qué es la inteligencia emocional: ya que la tiene.

Puede pasar, sin embargo, que este sentir se haga demasiado fuerte en la persona, tan fuerte que empiece a dominar el pensar y la capacidad de entrar en acción. Y si observamos a la persona altamente sensible a la que le pasa esto, en seguida entendemos como este PAS puede tener la tendencia de dejarse llevar por el dolor ajeno. Es este el PAS que no puede con su alma, que no soporta las injusticias del mundo y que vive la pena de los demás como su pena personal. En general, son estos los PAS a quienes les cuesta más ver la alta sensibilidad como un don. Su facilidad de perderse en el sufrimiento del mundo exterior es enorme, y existe un riesgo elevado al agotamiento (burn-out) o, con el tiempo, a la depresión.

El PAS que vive predominantemente en el sentir también es el PAS creativo. Es el PAS artista, ya que el hecho de estar casi continuamente en contacto con sus emociones le permite añadir esa riqueza emocional a su obra como músico, pintor, escritor, poeta o actor. Esto no quiere decir que esta profundidad con la que experimenta el mundo siempre sea fácil. Creo que todos los PAS pueden estar de acuerdo con la actriz Scarlett Johansson cuando dijo: «Muchas veces me gusta tener tanta sensibilidad, aunque también hay momentos en los que me gustaría ser menos sensible».

La mayoría de los PAS tienen la capacidad de entrar en un estado de profundo sentir, algo que les ocurre cuando están viendo, escuchando u oliendo algo (pintura, paisaje, la inocente sonrisa de un niño, música, canto de pájaros, perfume de rosas...) que les emociona de manera instantánea, produciendo un disfrute intenso, difícilmente entendible para la persona que no comparte el mismo grado de sensibilidad. La belleza resuena en nuestro interior y hace vibrar nuestra emocionalidad. Aquí también podemos reconocer la alta sensibilidad como un don.

Luego, en cuanto al tercer grupo, el grupo en que predomina la acción, vemos un tipo de personas que tiene una preferencia natural para actuar y trabajar, para realizar toda clase de proyecto. Claro que también piensan, y claro que también tienen sus sentimientos y su rico mundo interior, pero para sentirse bien tienen que satisfacer una necesidad innata de hacer y de construir.

Suelo decir que el mundo actual necesita a personas altamente sensibles que sepan de acción, que sepan poner en marcha iniciativas creativas e innovadoras. Para que estas iniciativas tengan éxito hacen falta una planificación meticulosa y mucha reflexión. El PAS que es capaz de combinar su necesidad de acción con la reflexión y con la inteligencia emocional es un PAS que puede sacar máximo provecho de aquello que llamamos el don de la alta sensibilidad.

Existe sin embargo el riesgo de que la necesidad interior para trabajar y realizar cobre un papel demasiado fuerte y predominante. En el PAS que ha desarrollado demasiado esa necesidad se ve una tendencia hacia el comportamiento impulsivo, queriendo solucionar todo tipo de problemas a través de la acción, sin tomarse el tiempo necesario para reflexionar o para consultar a otras personas para buscar un método más efectivo. Digamos que en seguida coge la manguera y empieza a apagar fuegos. Solo.

Situamos el pensar en la cabeza y el sentir en la zona del corazón y de los pulmones. La acción tiene que ver con los miembros, pero también con el metabolismo. Entre los PAS que viven predominantemente en la acción solemos ver muchos que tienen algún problema con la digestión.

Está claro que conviene buscar siempre un cierto equilibrio entre estas tres funciones del alma. El punto medio entre el pensar y la acción es el sentir. El sentir es el mediador que da sentido a los pensamientos y a la acción. Un pensar rígido y obsesivo puede sanarse y volverse flexible cuando sepamos soltar la faceta obsesiva. La impulsividad se calma cuando se le otorga la reflexión, pero se transforma en la acción creativa cuando además le vamos añadiendo la creatividad como fruto del sentir.

Creo que está claro, las personas altamente sensibles pueden ser muy, pero que muy diferentes. No somos iguales, compartimos un rasgo. El rasgo subyace nuestras particularidades personales, otorgándolas esas cualidades de percepción diversificada, de empatía y de la acción social.

Entenderte a ti mismo, saber cómo eres y cómo funcionas, es esencial para poder relacionarte de una manera equilibrada con el mundo. Igual de importante es darte cuenta de que todos somos diferentes. Puede ser que tú seas un PAS que vive predominantemente en el sentir y que estés en un proceso de aprender cómo encauzar tu sensibilidad, pero de la misma manera puede ser que tu pareja, tu madre o padre, tu colega, jefe o vecino sea alguien que siempre esté analizando las cosas y que le cueste arrancar, mientras que su grado de sensibilidad no sale de la media. O a lo mejor la persona más cercana a ti es uno de esos tipos que siempre hacen, hacen y hacen y nunca paran... Entender tu forma de ser te ayudará a entender a la otra persona.

Relacionándote con el mundo: los pasos del baile

La manera cómo interactuamos con el mundo se puede comparar con un baile. Todos estamos bailando juntos y cada uno tiene su baile preferido. Tal vez tengas preferencia por el vals, si es así, buscarás personas que sepan bailar el vals contigo. Es un ritmo que conoces y los movimientos te son tan familiares que ni siquiera tienes que pensar en lo que haces para dejarte llevar en tu baile favorito. Lo mismo, por supuesto, te pasa si tu baile preferido es el cha-cha-chá o el tango. Todo va bien y te sientes a gusto, te sientes feliz.

Nadie suele pensar en su baile mientras que todo va bien. Si no pisas a las personas con quienes compartes tu baile no tienes por qué ponerte interrogantes. Te encuentras, como quien dice, en tu zona de confort, donde no vas encontrando sorpresas desagradables, ni agradables. Te encuentras en un lugar donde todo es predecible y seguro.

También puede ser que bailes un baile que no es el tuyo y continuamente te estés adaptando al baile de los demás. Siempre lo has hecho y crees que el baile de la flexibilidad (como en ese juego de las sillas musicales, de sentarte en una silla disponible cuando la música para) es el tuyo.

Ahora acabas de descubrir que eres PAS y esto te inspira. El descubrimiento te da alas, te da nuevas fuerzas para enfrentarte con el mundo porque, de repente, sabes que no eres ese bicho raro, no eres un "caso único" sino que hay muchas personas como tú.

Sin embargo, esas alas, o como lo expliqué antes, esa sensación de haber engordado un poco, hace que tu baile de siempre ya no funcione como de costumbre. Al principio igual no lo notas tanto, pero poco a poco te vas dando cuenta de que estás cambiando. La imagen que tenías de ti mismo se está transformando y no lo puedes remediar. Sigues con tu baile, ya que es el único baile que conoces, pero te cuesta más y más adaptar tu ritmo y seguir los pasos ajenos.

Posiblemente no entiendas por qué.

Empiezas a tener iniciativas propias, vas probando ritmos distintos, aceleras o vas más lento, pero lo haces sin avisar y los demás no te siguen. Pisas a la gente sin querer, o te pisan a ti sin tener la más mínima intención de hacerte daño. No avisas porque todavía no has aprendido el manejo del baile nuevo, de tus nuevas alas. Necesitas aprender cómo controlarlas, y a veces esto implica errores, dolores y comenzar de nuevo.

Especialmente lo último, empezar de nuevo, cuesta con todos los nuevos aprendizajes. Este descubrimiento de nuevas cualidades (que son cualidades inherentes a un rasgo, y que además no tienes únicamente tú -que no tienes por qué llevar en soledad ni te tiene por qué pesar- porque en realidad lo compartes con muchas otras personas¬) implica investigar y aprender. Solamente cuando consigues transformar las dificultades que experimentas como consecuencia de tu sensibilidad, en algo que te aporte, que te hace sentir más completo y más aceptado por ti mismo, puedes empezar a sacar un provecho de aquello que es tu don.

Existen ejercicios y trucos para encauzar la sensibilidad, para aprender bailes nuevos. Hay mucho que puedes hacer, de verdad. Es una muy buena idea la de empezar un pequeño diario para apuntar observaciones sobre tus reacciones emocionales y fisiológicas en relación con tu entorno y tu dieta. Esto es el principio, porque a raíz de lo que vas anotando, empiezas a darte cuenta de las cosas que te afectan en cuanto a lo que comes y bebes, en cuanto a tu manera de relacionarte con las persones que juegan un papel en tu vida –pareja, padres, hijos, amigos, colegas, vecinos...– y en cuanto a los entornos en los que te mueves. Poco a poco vas obteniendo una imagen de puntos a cambiar o mejorar en tu día a día; vas viendo dónde conviene aprender un baile nuevo.

Desde pequeños vamos construyendo un sistema de referencias y de valores. Así, aprendemos cosas muy obvias y básicas como que ayudar es bueno y robar malo, o que la música clásica me gusta y detesto la música heavy metal, para dar un ejemplo. Empezamos copiando los sistemas y los gustos de nuestros padres, y luego acogemos los esquemas de nuestros profesores en el colegio. Hasta que ganamos la capacidad de pensar por nosotros mismos y poder desarrollar nuestras propias verdades no cuestionamos nada de lo que nos enseñan, y eso es bueno. Nos enseñan un determinado baile, y vamos siguiendo los pasos. Efectivamente, esto es bueno hasta que, a partir de la adolescencia, vamos ganando la capacidad de distinguir quiénes somos.

Como PAS es posible que te haya pasado que, por mucho que hubieras intentado acoger los valores y gustos de los adultos de tu entorno, o que por mucho que esos adultos insistieran en que siguieras su ejemplo, notabas que en el fondo de tu ser no estabas de acuerdo.

«A mi madre le encantaba ir a comprar a los grandes centros comerciales. Cuanta más gente, más disfrutaba. Ambiente, lo llamaba. Le encantaban esos centros comerciales con música. Para mí era un castigo cuando me quería llevar de compras. Ya desde muy pequeña lloraba, y luego, ya un poquito más mayor, recuerdo como la saboteaba como podía. Yo nunca comprendí por qué le gustaba aquello, y ella nunca pudo comprender que tanta gente, tanto ruido, tanto caminar entrando y saliendo de tiendas, me supusiera un castigo tanto sensorial como emocional. Claro, tampoco se le podía explicar. Ella consideraba las quejas como tonterías mías y obligarme a acompañarla, para ella, era una manera justificada de educarme a ser una niña más fuerte.

Ahora es cuando he descubierto, por casualidad, que soy PAS y he empezado a investigar sobre el tema. Mi made me consideraba una mujer débil ya que no podía comprender por qué no me gustaba algo que aparentemente le gusta a muchísima gente. La gracia, tal como lo entiendo ahora, es que, como solamente ves a la gente que le encanta ir de tiendas, y no a los otros, no ves a los altamente sensibles (porque odian aquello de ir a comprar por comprar), no te enteras de que hay bastante más gente como tú.»

Así lo cuenta Clara, y tengo que decir que su historia me suena. También en mi caso mi madre no entendía nada de mi forma de ser, mientras que mi padre –el PAS de la familia– no tenía idea de lo que pasaba, porque por su trabajo estaba casi siempre de viaje. La madre de Clara y la mía nos obligaron a bailar su baile y acoger su ritmo. Nos hacían creer que no éramos buenas niñas si no copiábamos su ejemplo de cómo hay que vivir la vida, y que su baile era el nuestro.

Si has llegado a leer esto, seguro que ya te has dado cuenta de que tú tienes tu propio baile, exactamente como cada uno tiene su propio baile particular. Una manera de darte cuenta de tu propio baile es a través de ejemplos como el de Clara, que va descubriendo que sus valores, sus ideas de lo que es divertido, no coinciden con aquello que piensa su mamá. Curiosamente necesitamos a otra persona para descubrir que somos diferentes, que somos un "yo" con nuestra propia forma de pensar y percibir, con nuestro propio mundo emocional y nuestra manera particular de querer hacer las cosas. Gracias a las otras personas y los bailes que vamos haciendo con ellos podemos llegar a conocernos.

El baile de las relaciones

Las relaciones personales son sin duda un terreno difícil y complicado para muchas personas altamente sensibles. Ya lo dije: a través del baile que pretendes tener con otra persona tomas conciencia de quién eres y cómo eres. Tu pareja de baile te presenta con un espejo que, en la medida en la que el baile progresa, te va desvelando tu forma de ser: cómo piensas y percibes el mundo y la vida, cómo sientes y cómo te gusta hacer las cosas. A veces, te toca adaptarte al ritmo del otro, a veces el otro se adapta a tu ritmo. A veces es posible aprender un nuevo baile juntos, transformando un ritmo que ya no funciona. A veces no te queda otro remedio que despedirte de tu pareja de baile y desarrollar un nuevo baile por tu cuenta.

Algunos temas de fondo que suelen determinar nuestro baile son la necesidad de ser aceptado y la imagen que cada uno tiene de sí mismo. En cuanto a la persona altamente sensible, veo que esa necesidad de ser aceptado y ser querido es tan fuerte que el PAS tiene una fuerte tendencia a adaptarse al baile de la otra persona. Esto pasa más, y a un nivel más intenso, en los casos en los que el PAS se percibe como una persona débil.

Límites personales

Por otro lado, hay que tener en cuenta las tendencias inherentes al rasgo como, por nombrar algunas: estar al servicio del otro, ignorar las propias necesidades para poder atender y ayudar a los demás, la resistencia a cambios de todo tipo y, cómo no, la fuerte emocionalidad ante el conflicto, en su sentido más amplio.

Un tema recurrente en los problemas relacionales con los que va topando el PAS es el tema de los propios límites. La pregunta de fondo es: ¿Dónde acabo yo y dónde empieza el otro? Dicho de otra manera, ¿hasta dónde llego en mi deseo de ayudar al prójimo y a partir de qué momento estoy gastando más fuerzas de las que puedo generar para cuidarme a mí mismo?

Según los valores que nos inculcaron a muchos de nosotros, es muy noble sacrificarte por los demás. Los demás vienen a ser el mundo en general: los familiares, los amigos, los vecinos, los colegas, pero también los animales y toda la naturaleza. Exigir tu propio espacio, atender a tus propias necesidades, está considerado como algo feo, como egoísmo.

Para poder bailar bien el baile de las relaciones hay que cuidarse. Lo primero que conviene hacer es investigar esos límites personales y luego mantenerlos. Con esto se borra el concepto de sacrificio ya que el sacrificio significa sobrepasar los límites, sacrificar tu baile, tu ritmo y adaptarte al otro. A lo mejor sabes aguantarlo un rato pero tarde o temprano el cuerpo se resiste. Hacer más de lo que tu físico aguanta lleva a la enfermedad. Y, una vez enfermo, ¿a quién vas a ayudar?

Decir "no"

Hacer más de lo que puedes lleva al agotamiento. El agotamiento puede llevar a la depresión, que te puede venir por las circunstancias laborales o circunstancias personales. El PAS es un candidato fácil para el burn out, una vez quemado, tardarás bastante en volver a bailar. Tanto en el trabajo como en las relaciones personales es importante aprender a decir no. Si no sabes cómo decir no, te digo que existen técnicas de comunicación que te lo enseñan. Recuerda que, por la recepción de una gran cantidad de estímulos, un PAS se cansa antes que una persona con menos sensibilidad. Aprende a escuchar tu cuerpo y hazle caso cuando empiece a emitir señales porque necesita descansar. Estas señales, aparte de notar que estás cansado, pueden ser dolor de cabeza o de barriga, un súbito cambio en el estado de ánimo, hambre repentina, nerviosismo o un ataque de confusión y de dudas, sensación de crispación y de agobio, vista borrosa, hiperventilación o un ataque de ansiedad.

Es posible que te cueste decir que no porque tienes miedo a caer mal. Recibir cariño, el deseo de ser aceptado por la gente, te importa tanto que prefieres seguir y seguir: en el trabajo haces horas extras, te llevas tareas a casa (aquí también puede influir el miedo a perder tu puesto) y en las relaciones te agotas en demostrar a tus seres queridos que mereces su amor. Respetas más a los demás que a ti mismo, a tus propias necesidades. Ninguna relación que esté basada en un desequilibrio de respeto puede sobrevivir. Un baile en el que uno determina los pasos y el ritmo sin tener en cuenta a la otra persona, es una farsa.

Nadie te va a querer menos por decir que no puedes hacer más de lo que te conviene, nadie te va a querer menos por reconocer tus propios límites. En caso que sí dejen de quererte, puedes estar tranquilo porque ese amor no era amor; amor es tener respeto, es acoger a la otra persona con todas sus cualidades y con todas sus limitaciones. Si esto te pasa, te mereces otra pareja de baile.

El baile del PAS enamorado

Es este un tema que merece especial atención. Podemos empezar por el hecho que la gran mayoría de los PAS se enamoran con gran facilidad.

Se sabe que una persona – tanto PAS como no-PAS– se enamora con más facilidad si se encuentra en un estado de excitación o de estrés. También sabemos que un PAS recibe muchos más estímulos que los no-PAS, y por lo tanto, se estresa antes y con mayor facilidad. Si el PAS se estresa antes que el no-PAS, le "cuesta" menos enamorarse.

Aparte de eso, hay muchos PAS que buscan enamorarse, que necesitan y quieren enamorarse. Necesitan contactos profundos. Necesitan compartir y necesitan sentirse unidos a otra persona.

Ojo, hablo de la mayoría, ya que también conozco a PAS que prefieren estar solos porque han tenido malas experiencias o porque la excitación de un enamoramiento es tan grande, que en seguida se sienten agobiados y paralizados. También puede pasar que la excitación sea tan grande que no soporten el contacto íntimo porque los nervios de su cuerpo enamorado están tan activados y literalmente tan a flor de piel que un simple roce duele, y es experimentado como algo muy desagradable.

Decía pues, que la mayoría de los PAS buscan pareja. Es más, busca su media naranja. Busca con mucho afán, ya que les cuesta imaginarse una vida a solas. Para sentirse bien necesitan estar enamorados o enamoradas. Estar con alguien es igual a sentirse vivo. Un amor da sentido a su vida.

Nuestro PAS, que se siente tan feliz y agradecido porque alguien le hace caso, cae con facilidad, y muchas veces sin discriminar. Le pasará más de una vez que se enamore de alguien que no le conviene por carácter, por la manera de ver la vida, por la intención o por lo que sea. El PAS tiene esa facilidad de fijarse en el baile del otro, se olvida del suyo y se adapta a un ritmo que no es suyo. Al principio, en su estado eufórico, solamente ve las enormes cualidades de su amor. Le es imposible ver su sombra. Y más adelante, le duele tener que reconocer que el chico o la chica que era su media naranja o su alma gemela (¡porque nuestro PAS estaba convencido de ello!) a lo mejor no lo era. Le cuesta aceptar el hecho de haberse equivocado, le cuesta soltar la relación, le cuesta volver a estar solo. Le cuesta no hundirse y deprimirse.

Reconozco que el panorama que acabo de pintar es un poco triste. También es bastante blanco o negro. Por supuesto, sé que hay excepciones, y ¡menos mal! Lo que he querido enseñar en pocas palabras, es que también aquí, en su manera de enamorarse, a la persona altamente sensible le cuesta vigilar sus límites personales. Se entrega en cuerpo y alma y tiene una fuerte tendencia a perderse en la otra persona, olvidándose de sí misma, de su propio ritmo.

Si te olvidas de ti mismo, si estás solamente para la otra persona bailando un baile que no es tuyo, no te haces ningún favor, al contrario, te faltas al respeto. No dudo que seas una persona maravillosa con muchísimo que dar pero solamente puedes dar al otro si primero te cuidas a ti mismo, si conoces y guardas tus límites. Para encontrar el amor tienes que amarte primero, y esto no tiene que ver como egoísmo, tiene que ver con estar bien, con estar en tu centro. Si consigues mantenerte en tu centro, conseguirás vigilar tu espacio, tus límites. Tomarás tu tiempo para ti, seguirás haciendo las cosas que, como

PAS, te son necesarias hacer para estar bien. Y como consejo añadiría: no tengas prisa, tómate tu tiempo para conocer a una persona, intenta controlar ese deseo desmesurado que hace que seas tan impulsivo. Mira, observa, cultiva primero la amistad, disfruta. Investiga el baile del otro y descubre hasta dónde le puedes seguir el ritmo. Juega antes de entregarte en cuerpo y alma. Vale la pena andar sin prisas si quieres una relación que dure. Vale la pena si te quieres ahorrar un fracaso con todo el dolor que conlleva.

Ajustando el ritmo de tu baile

Tarde o temprano tu ritmo va a necesitar un ajuste. Ahora, con todo lo que acabas de aprender sobre la alta sensibilidad, es probable que tu ritmo esté cambiando. Esto es bueno, es sano. Está bien darte cuenta de que los cambios tienen que venir de ti: no puedes esperar que los demás cambien por ti. En cuanto te vayas familiarizando cada vez más con todas las facetas de la sensibilidad, nacerá en ti un nuevo baile con tu ritmo personal. Pasarás por un período de ajuste, desarrollando nuevas ideas y sentimientos, nuevas costumbres y nuevas maneras de hacer las cosas. Tómate ese tiempo y no desesperes si tardas un poco en aprender los nuevos pasos. Habrá días que te sentirás fenomenal, habrá otros que menos, habrá momentos eufóricos y habrá momentos en los que tengas la sensación de que tu vida se ha complicado innecesariamente con este tema PAS, ¡tranquilo!, estos últimos irán desapareciendo.

Cuídate, respétate y ámate. Mereces la pena y eres una persona altamente maravillosa, tienes mucho que contribuir.

¿Tiene algún sentido la alta sensibilidad?

¿Tiene algún sentido eso de la alta sensibilidad?, ¿o se trata solo de un simple hecho bioquímico? He oído decir que es un mero tema hormonal, que en las personas altamente sensibles se supone una falta de determinadas hormonas y un exceso de otras. No lo sé, no soy médico, pero seguramente tendrá que ver. También Elaine Aron, en su libro, menciona el tema hormonal. Sin embargo, por lo que he entendido, no hay estudios que lo demuestren de forma decisiva. Pero, aunque esto fuera así, y resulta ser verdad que hay diferencias en los procesos físicos y neurológicos entre PAS y no-PAS, esto no nos contesta a la pregunta de si la alta de sensibilidad es una intención de la creación o no. Personalmente lucharé contra la tendencia de colocar la alta sensibilidad en la lista de síndromes y de trastornos, y de considerarla como una anomalía. Y lo haré, principalmente, porque estoy más que convencida del enorme caudal de talentos que encontramos en muchísimas personas con una elevada sensibilidad.

En este sentido, estoy muy de acuerdo con Aron en la búsqueda de explicar la alta sensibilidad desde una perspectiva social-histórica. Ella explica que, tradicionalmente, eran las personas altamente sensibles las que ocupaban el papel de sacerdotes, curanderos y videntes de una comunidad. Ellos eran, digamos, los consejeros del rey. Mientras que el rey disponía de sus guerreros y soldados para la defensa y la expansión de su reino, los altamente sensibles le advertían de los posibles peligros. Esto era una tarea específica e importante, ellos veían cosas de las que muchos otros no tenían conciencia. Gracias a sus sentidos afinados y desarrollados, y a una conciencia preparada para profundizar en detalles, eran los primeros en detectar peligros y sabían decir cuál era la mejor estrategia para el grupo.

Las sociedades de nuestros tiempos siguen necesitando la sabiduría de especialistas y expertos. Seguimos necesitando gente con visión y pioneros, la creatividad es más necesaria ahora que nunca. Vivimos en una época de crisis, más que nunca hacen falta personas con ideas nuevas para afrontar temas como el agotamiento de los recursos naturales, para buscar vías nuevas del manejo de dinero, vamos, para solucionar temas relacionados con la sostenibilidad. Necesitamos personas que sepan ayudar en la resolución de conflictos, que estén convencidas de la utilidad y la viabilidad del trabajo de las ONG's, el planeta necesita gente con optimismo y coraje para hacer de este mundo, un mundo mejor. Necesitamos artistas comprometidos –o no-, porque un mundo sin arte sería un mundo muerto.

Y todos estos ámbitos son los ámbitos en los que se envuelve la persona altamente sensible. Son terrenos en los que pueden sacar provecho de sus capacidades de crear, de nutrir, de ayudar y de asistir. En estos ámbitos pueden utilizar sus cualidades creativas, su amor por el detalle, y su interés por temas espirituales, filosóficos, psicológicos y humanitarios.

Creo que podemos decir que si no fuera por los PAS, el mundo estaría mucho peor de lo que actualmente está. Estoy convencida de que aunque a los no-PAS les cueste entendernos y a veces nos sintamos despreciados, o no-valorados, nuestra misión es esa, cuidar el mundo, cuidar a sus habitantes, a toda la naturaleza, y seguir dando buenos ejemplos sobre la importancia de cuidar las relaciones en su más amplio sentido. Si me preguntaras a mí si creo que la alta sensibilidad tiene sentido, te contestaré, desde lo más profundo de mi corazón:

«¡Sí!»

Capítulo 3

Soy persona altamente sensible ¿Qué puedo hacer?

"No es la voluntad de llegar a donde quieres llegar lo que cuenta, todo el mundo la tiene. Lo que realmente cuenta es la voluntad de prepararse para llevar bien el viaje".

En el primer capítulo hemos visto las características generales de la alta sensibilidad. Después, en el segundo capítulo, hemos tratado temas relacionados con el PAS y su interacción con el mundo. Ahora ha llegado el momento de entrar en lo práctico. El tercer capítulo es un guía de consejos y de ejercicios. Lo puedes leer todo seguido o puedes ir seleccionando lo que te interesa en función de los temas que quieras trabajar. En todo caso, puede ser una buena idea volver a leer los primeros consejos –"tomar responsabilidad" y "libreta" – ya que creo que forman la base del trabajo personal del PAS que quiere aprender a disfrutar de su rasgo.

Como hemos comentado, si realmente quieres llegar a abrazar tu sensibilidad, solamente saber que eres altamente sensible no es suficiente. Si quieres llegar a transformar los puntos de la alta sensibilidad que te molestan en algo que te pueda enriquecer hay que entrar en acción.

Tomar responsabilidad

En los encuentros para PAS suelo dar herramientas útiles para aumentar la autonomía personal. La autonomía personal –también llamada liderazgo personal¬– para una persona altamente sensible se refiere, ante todo, a la manera en la que esta persona sabe hacerse dueña de su elevada sensibilidad. Mientras el PAS viva su sensibilidad como un laste, como un problema o como un dolor, no es dueño de ella, sino que, al revés, la sensibilidad domina a la persona. Solamente cuando la persona haya aprendido a encauzarla y sepa valorarla como positiva –hasta el punto de percibirla como el "don" del que habla Elaine Aron– estará en el camino de adquirir autonomía personal.

No se trata de un camino rápido y fácil. A pesar de que en algunos casos existan soluciones sencillas y prácticas, integrar la sensibilidad en tu vida implica una transformación. Es un camino de encontrarte contigo mismo, de observarte continuamente, de corregirte y de aprender. Es un camino para desarrollar nuevos músculos (hábitos), nuevas perspectivas, nuevas ideas y liberarte de cualquier dependencia emocional.

Unas de las cosas más importantes de aprender es la de tomar responsabilidad. Es fundamental hacerte responsable de tus pensamientos y tus sentimientos, y sobre todo hacerte responsable de tus actos.

La mayoría de veces no nos enteramos realmente de lo que pensamos. ¿Recuerdas qué pensaste hace cinco minutos? No sabemos distinguir y nombrar muy bien nuestros sentimientos, eso si de entrada ya somos conscientes de lo que sentimos. Y ¿cuándo realmente nos tomamos el tiempo para reflexionar sobre nuestros actos? Hablamos por decir algo y la mayoría de las veces no somos conscientes del efecto que provocan nuestras palabras. Hacemos algo porque a nosotros nos parece bien, pero raras veces nos preguntamos cuál puede ser el impacto de nuestros actos: si aquello que acabamos de hacer también está bien para los demás, o incluso para el mundo.

Todo, absolutamente todo, está relacionado entre sí. Esto quiere decir que cada cosa que haga no solamente tiene una consecuencia sino que además es la consecuencia de algo. Lo mismo se puede decir de las cosas que debería hacer pero que no hago. Es esto un tema complejo sobre el cual os invito a reflexionar un poco. Podrías empezar a pensar en todas las "casualidades y causalidades" que te hayan llevado a este momento, el momento en el que estás leyendo estas líneas. ¿Cómo has descubierto el tema PAS? ¿Qué ha pasado y quiénes han intervenido para que te llegara este libro? ¡Es fascinante!

Cuando digo pensar sobre la manera en la que todo está relacionado me refiero a observar un hilo de acontecimientos sin caer en la trampa de echar culpas o sentirse víctima. Existe una tendencia humana de echar culpas («si fulano hubiera hecho esto, yo ahora no estaría...») para poder sentirse víctima. Es muy importante hacer este ejercicio, simplemente observando los hechos en cadenas de acontecimientos sin caer en la trampa de culparse a uno mismo o a otros y sin sentirse víctima. Intenta dejar las emociones fuera. Cuanto antes consigas reconocer y quitarte ese sentimiento de culpa, mejor. Por otro lado, echando la culpa a los demás no solo te reafirmas en el papel de víctima sino que robas de tu propio poder como ser humano, regalándolo a la otra persona. Más adelante, cuando hablemos sobre la manera de controlar las películas mentales, volveré a hablar de este ejercicio.

Asumir y echar la culpa es un tema muy afín al rasgo de la alta sensibilidad. Si no te haces responsable casi no te queda más remedio que culpar. Claro, el papel de víctima puede hacerte sentir bien y cómodo, e incluso te puede dar una (falsa) sensación de poder, pero estos sentimientos no son comparables con la enorme ventaja que podemos sacar si aceptamos la responsabilidad de los aspectos y hechos que nos atañen y que (a sabiendas o no) han contribuido a un hilo de acontecimientos.

Sentimientos de culpa y de victimismo no tienen lugar en el camino del autodesarrollo, en el camino de la autonomía personal. Echar culpas es un acto tóxico hacia ti mismo y hacia la persona a la que estás culpando de tu malestar. Responsabilidad personal, sin embargo, es la base de la confianza y el principio de relaciones sanas, es más: es la única manera de asegurarte relaciones sanas.

Cuando te des cuenta de que existe una relación directa entre, por un lado, el grado en el que la alta sensibilidad te afecta de manera negativa y, por otro lado, el esperar —conscientemente o no— que tu entorno te comprenda, te tenga en cuenta, se adapte a tus sensibilidades, solo en ese momento, estarás en disposición de cambiar tu actitud, de tomar las riendas de tu vida y de tu sensibilidad. Si haces esto, si decides tomar responsabilidad de tu propia forma de ser, ¡tu mundo cambiará!

¡Manos a la obra!

Ya está, has decidido emprender ese viaje que te permitirá cambiar la manera en que experimentas tu lado sensible, que te dará las herramientas para encauzar la sensibilidad y de poder percibirla como un don.

Lo primero que tendremos que hacer es investigar sobre la propia sensibilidad. Ya lo he dicho muchas veces: la alta sensibilidad es un rasgo que se manifiesta en cada uno de manera personal. Lo que sería un punto de atención para uno, posiblemente para otro no lo es. Por eso, para saber cual es para ti la mejor manera de cuidarte, conviene hacer una libreta con apuntes.

Una libreta.........

Apuntar tus descubrimientos en una libreta puede ser una buena manera de obtener una imagen clara sobre tus puntos más sensibles. Una libreta además te ofrece la posibilidad de ir tomando apuntes de lo que vayas descubriendo sobre tu forma de vivir la sensibilidad y las cosas que puedes hacer para trabajarla.

Empieza a observarte y toma apuntes. Teniendo en cuenta que eres único y tu sensibilidad se manifiesta en ti de una manera específica, conviene descubrir cuáles son exactamente las cosas que te afectan, cuándo te afectan y como consecuencia de qué circunstancias.

Más abajo encontrarás un ejemplo general de cómo hacerlo. Es buena idea incluir preguntas relacionadas con los temas particulares que quieres investigar, por ejemplo, si quieres trabajar tu sensibilidad hacia los ruidos, las preguntas a incluir podrían ser: ¿He tenido momentos de crispación por ruidos excesivos? ¿Ha sido por ruidos únicos o recurrentes? Si son recurrentes, por ejemplo la música de los vecinos, ¿siempre me molestan? ¿Existe relación entre mi irritación y mi estado emocional y/o corporal?

Podrías tomar notas de la siguiente manera:

<u>Martes, 6 de marzo</u>:
     <u>Dormido</u>: 6 horas (8 en cama pero 2 dando vueltas).
     <u>Al levantar</u>: Ligero dolor de cabeza.
     <u>Desayuno</u>: 2 cafés con leche y un donut.
     <u>Merienda</u>: 2 cafés y croissant con mermelada.
     <u>Comida</u>: ensalada, lomo, patatas fritas, flan, 1 vaso de tinto.
     <u>Cena</u>: huevos fritos, 2 tintos.
     <u>Estado emocional</u>: nervioso.
     <u>Incidentes</u>: Discusión con Jorge (jefe) sobre el anuncio que tenía que haber puesto, y con Jaime (hijo) por el volumen de su música.
     Hubo luna llena, ¿podría haber influido?

     <u>Notas</u>: El dolor de cabeza se fue a media mañana; sensación de crispación e irritación todo el día. Preocupaciones sobre facturas gas-luz. Por el alto volumen de la música de Jaime, otra vez dolor de cabeza.

Si haces esto durante un mes o dos empezarás a ver, por ejemplo, que tus estados de ánimo (nerviosismo, irritación, crispación, falta de paciencia) y tener algunos días mayor sensibilidad a los ruidos que otros, tiene una relación directa con las horas de sueño y la cantidad de cosas que has de hacer ese día. De la misma manera, es probable que llegues a ver que tu dieta y la forma de comer (en un bar con prisa y la tele a tope, o tranquilo en casa) tiene una relación directa con la energía de la que dispones, sensaciones de pesadez, dolor de cabeza y digestión. Ya verás como poco a poco empiezas a ver patrones.

La investigación de la alta sensibilidad como rasgo, como fenómeno, por un lado, y la manera en la cual te afecta en tus propios puntos débiles, por el otro, te aportarán los datos necesarios para llegar a sentirte más fuerte, o sea, obtendrás claridad referente a lo que puedes hacer o dejar de hacer para que la sensibilidad te afecte menos. Cuando sabes cómo reacciona tu cuerpo en relación a tus horas de sueño, según lo que comes y a qué hora, las programas que ves en la tele, el libro que estás leyendo, el tipo de conversaciones que tienes y con quién, los diferentes entornos en los que te encuentras, la cantidad de cosas que haces según tus fuerzas y tiempo disponible, etcétera, puedes empezar a tomar medidas en función de las exigencias de tu día a día, de tu trabajo y las obligaciones en general. Poco a poco irás notando qué tipo de comida te conviene (a veces nuestro cuerpo reacciona de forma adversa frente a la cafeína o los productos lácteos), cuántas horas de sueño necesitas, en qué momentos te conviene hacer un paréntesis o dar un pequeño paseo... En función de eso puedes ir adaptando y cambiando tus costumbres dependiendo de las necesidades de tu cuerpo PAS.

Sigue los consejos de descansar, desconectar, dormir bien, comer comida sana... Vigila que tu dieta sea completa, si te puedes permitir comida ecológica mejor, procura minimizar los aditivos (azúcar blanca, edulcorantes como el aspartamo y la sacarina, colorantes, etcétera). Mira si tu dieta contiene suficientes vitaminas y minerales ya que el PAS suele ser extra-sensible en cuanto a deficiencias de este tipo.

En la medida en la que vayas descubriendo más cosas sobre cómo la alta sensibilidad te define como persona, cada vez te será más fácil explicar tu situación sin emocionarte desmesuradamente, sin enfadarte más de la cuenta o sin decepcionarte tan profundamente que necesites muchísimo tiempo para recuperarte, sin expectativas basadas en pensamientos y sentimientos irracionales que no provienen de ninguna observación objetiva sino que son el fruto de la inseguridad, de la baja autoestima o de viejas creencias.

Recuerda que, en el capítulo anterior, te he aconsejado guardar el descubrimiento (de ser PAS, y no un bicho raro) un tiempo para ti mismo. Ahora puedes entender mejor por qué no te conviene correr, por qué no es una buena idea ponerte enseguida la camiseta con el texto: "Soy PAS". No es recomendable "salir del armario" hasta no haberte acostumbrado antes a tu "nuevo abrigo" porque saliendo te expones a ser vulnerable, entonces, para que esto no te haga daño, conviene conocer bien cómo es tu rasgo, tus puntos débiles y los fuertes. ¿Por qué? Porque te pedirán explicaciones y más vale que tengas claro qué vas a contestar, y de qué manera, para dar una buena impresión y para sacar fruto de tu revelación. No olvides: es un paso que necesita coraje que, encima, no puede prescindir de una buena preparación.

Sé paciente con tu entorno: ellos también necesitarán tiempo. Piensa cuánto te ha costado a ti aprender todo sobre el rasgo de la alta sensibilidad y en qué medida influye en tu forma de ser. Has necesitado tiempo para descubrir quién eres y para permitirte serlo sin ponerte trabas o buscando excusas (y seguro que seguirás descubriendo cosas nuevas). Por lo tanto, no es lógico esperar que otras personas en seguida comprendan aquello que intentas trasmitir. No te enfades cuando te miren con una cara extraña ni te sientas triste. Pon énfasis en tus cualidades y en tus capacidades ya que son muchas.

Consejos y ejercicios por tema

Mientras que las ideas de anotar en una libreta y tomar responsabilidad son temas generales, digamos de base, válidas para todos los PAS, hay otras más individuales. Temas como el dormir, mantener límites y manejo del estrés son bastante recurrentes dentro de la alta sensibilidad y, por lo tanto, serán tratados de forma más amplia.

Dormir

Una manera de evitar la acumulación de información (todavía) no almacenada y la consiguiente saturación es la buena costumbre de hacer pequeñas pausas durante el día. Una meditación, dar un paseo o tomarte una infusión mientras miras el paisaje, pueden ser buenos métodos para ir despejando la mente durante el día. Si trabajas en un lugar donde salir a la calle para desconectar es complicado, seguro que puedes encontrar momentos para ir al baño y aprovechar para hacer alguna relajación o meditación. Si ya tienes un método de relajación que utilizas y que te funciona bien, genial, y si no, en este capítulo encontrarás varios ejemplos. A lo mejor también quieres experimentar con formas nuevas.

Pero es solamente durante el sueño que la mente realmente puede desconectar y generar nueva vitalidad de verdad. Dormimos porque cuando estamos cansados el cuerpo nos lo pide. Durante el día gastamos energía y durante la noche, en las horas del sueño, el cuerpo se restaura, así que, cuando hemos dormido bien, despertamos por la mañana sintiéndonos descansados y refrescados, el cuerpo, que estaba cansado de trabajar y de hacer sus tareas, se ha revitalizado.

Durmiendo vamos trabajando las vivencias del día anterior y seguimos archivando toda la información acumulada o, dicho de otra manera, nuestra alma va digiriendo todo lo que hemos ido acogiendo durante las horas de vigilia. «Consultar la almohada» no es una frase caprichosa si tenemos en cuenta que, durante las horas del sueño profundo, estamos en contacto con el mundo espiritual, y entonces puede suceder que si te acuestas pensando en un problema que deseas resolver, al despertar se te ocurra una nueva idea para afrontar el tema que te preocupa.

Dormir bien en el fondo es un pequeño milagro. ¿No te parece asombroso que por la noche te acuestes muerto de sueño y por la mañana te despiertes descansado y refrescado? Aun así, para muchos este milagro es la cosa más normal del mundo. Normalmente es solo cuando, por algún motivo, empezamos a tener problemas de sueño que nos vamos dando cuenta de que el sueño es una potente fuente de recuperación y renovación de fuerzas.

Existen varios tipos de problemas relacionados con el sueño: a unos les cuesta conciliar el sueño, otros se despiertan de madrugada y no pueden volver a dormirse y un tercer tipo de problema puede ser la dificultad para despertarse bien.

Si perteneces a la última categoría, seguro que por la mañana te habrán acusado más de una vez de tener un mal humor. Durante las primeras horas del día se tiene la sensación de no se encontrarse del todo cómodo en el propio cuerpo y suele ser necesario un tiempo para "aterrizar". Las personas que se despiertan alrededor de las tres o cuatro de la madrugada y no pueden volver a dormirse, suelen tener algún problema con la función del hígado, ya que este órgano entra en función sobre esas horas de la madrugada. Y los primeros, aquellos que tienen problemas para conciliar el sueño, en muchos casos tienen problemas con la digestión de toda la información acumulada durante el día. Evidentemente es este un problema para muchos PAS.

¿Qué hacer para dormir bien?

Ya hemos visto la importancia de los ritmos, si tus días disponen de un ritmo que se va repitiendo durante un cierto tiempo, te sentirás mejor, como persona altamente sensible pero también como persona altamente sensible con problemas de sueño. Si tienes, por ejemplo, una hora fija para acostarte, tu cuerpo "sabe" cuando le llega el momento de desconectar.

Aparte de eso, sería aconsejable pasar las horas antes de dormir de la manera más relajada posible. Evita, si puedes, mucha emoción y mucha actividad, ya que no conviene alargar la cola de información en espera de ser "procesada". Cuanto más despejada tengas la mente a la hora de dormir menos te costará conciliar el sueño. En este sentido, a lo mejor es una buena idea saltarte las últimas noticias de la noche en la tele o la película que acaba justo antes de acostarte.

Puede que tengas una reunión por la tarde o una cena importante, o divertida. En este caso, estaría bien permitirte unos momentos de relax antes de meterte en la cama (tal vez un pequeño paseo, o a lo mejor escuchar un poco de música o leer un ratito).

Existe la fábula de que el alcohol ayuda a dormir; a lo mejor te puede ayudar a conciliar el sueño pero, cuando por la madrugada le toque entrar en función a tu hígado, puede que te despiertes y no consigas volver a dormirte.

¿Habéis probado los remedios de la abuela? Tomar un vaso de leche caliente con miel o una infusión para dormir. O ¿qué os parece una bolsa con agua caliente o un baño caliente con unas gotas de aceite de lavanda?

Tal vez puedas darte, o te puedan dar, un suave masaje con aceite de lavanda o quizás te vaya mejor hacer unos ejercicios de respiración.

De cualquier forma, es una costumbre muy sana no comer antes de dormir, y por tanto, es recomendable dejar pasar varias horas entre la cena y el momento de acostarte. Si eres un PAS con sensibilidad a la cafeína ya tendrás claro que tomar café por la noche no es lo más indicado y si eres un PAS con mucha sensibilidad hacia los ruidos, a lo mejor deberías considerar dormir con tapones en los oídos.

Por lo general, no es aconsejable tomar medicamentos y menos aún una medicación alopática con cierto riesgo de adicción. Sin embargo, si quieres tomar algo, piensa entonces en remedios naturales como la valeriana, la pasiflora o flores de bach, como el Rescue Remedy. Otra posibilidad es la hormona melatonina que está especialmente indicada en casos de jet lag o, en general, para restaurar el ritmo natural del sueño. Se aconseja no tomar más de 3 mg, media hora antes de dormir. Pero puedes hacer más:

El ejercicio de la retrospectiva

A parte de todo esto, existe un ejercicio que te ayudará a soltar el día. La idea es hacerlo justo antes de dormir, lo puedes hacer en la cama (preferiblemente sentado) y conviene hacerlo todas las noches (por lo menos durante una temporada) durante cinco o diez minutos, lo importante es mantener la concentración en el hilo de los acontecimientos.

Se trata de revisar el día, o algún momento importante del día, en dos niveles. En el primer nivel dejas pasar las imágenes de la noche a la mañana (es decir, en orden inverso) como si de una película se tratase. Miras, observas, pero intentas mantenerte totalmente objetivo, o sea, no te juzgues a ti mismo ni a las personas con quienes hayas tenido contacto. Mírate como si no fueras tú, sino otra persona, obsérvate como desde el techo, desde un helicóptero, o como también me gusta decirlo, desde la posición de los ángeles. Obsérvate con atención, curiosidad e interés por la persona que eres (alguien con sus lados positivos pero también con lados negativos), o sea, − y esto es importante

– se trata ante todo de practicar la actividad de la observación en sí y no de reparar en el contenido o en las emociones ligadas a los acontecimientos que vas observando. Utiliza tus sentidos para observar desde el exterior aquello que te ha pasado. ¿Estabas solo? ¿Había gente? ¿En qué entorno? Piensa en la ropa que llevaba cada uno, en los colores. ¿Cómo iba la conversación?

En el segundo nivel observas aquello que pasó en tu interior: ¿Qué pensabas? ¿Qué sentías cuando A, B o C te decían X? ¿Qué sentías cuando pasaba una cosa determinada? Es decir, mientras que en el primer nivel observabas tu mundo exterior, ahora, en el segundo, observas tu mundo interior. Puedes observar cualquier momento, cualquier recuerdo del día, no importa que sea algo dramático o muy importante: una charla con la vecina sobre una receta, una frase del conductor del bus cuando compraste el billete... No importa, porque se trata únicamente de la observación que hace el Yo sobre algo que pasa en su mundo interior. De esta manera te entrenas para reconocer y soltar las fuertes emociones que te impiden vivir desde tu Yo. Aprendes, poco a poco, a distanciarte de las emociones que tienen la tendencia de robarte el control del volante de tu vida. Por tanto, el objetivo de este ejercicio es ganar control sobre tus emociones para poder llegar a controlar la excesiva emocionalidad, evitando que tus emociones manden en ti, mientras que al mismo tiempo refuerzas tu capacidad de concentración, lo cual te permite estar más presente, más centrado, en todo lo que haces.

Parece un ejercicio sencillo pero, como cada cosa aparentemente sencilla, tiene sus trampas, ¿cuáles son? Ante todo, existe – especialmente al principio – una probabilidad muy grande de que tengas dificultades en retener los juicios ya que juzgar sobre si algo está bien hecho o mal hecho es una tendencia muy humana y muy PAS. Se trata justamente de evitar este tipo de juicios. Otra trampa, como existe en la mayoría de las meditaciones, es que tu pensamiento se vaya, se te escape. Si te das cuenta de que has perdido el hilo de tu observación, vuelve a ella sin emitir ningún juicio. La tercera trampa es volverte a emocionar con lo que te ha pasado, si esto pasa es que ya no estás en la pura observación y conviene volver a ella.

¿Por qué es tan importante este ejercicio para un PAS? Porque es un ejercicio que te ayuda a fortalecer tu "yo", te ayuda a aumentar tu capacidad de concentración y – esto es especialmente importante ¬– te dará la capacidad de objetivar tus emociones y de gestionarlas, te harás dueño de ti mismo y de tu emocionalidad. Ya lo he dicho muchas veces, como PAS vivimos sobre todo en el sentir; uno de los problemas más frecuentes de la persona altamente sensible es que se deja llevar, por ejemplo, hay un niño o a un animal que sufre y muchos PAS sobreempatizan hasta el punto que se pierden en la emoción y se ahogan en el drama. Demasiado sentir te quita libertad, te quita fuerza pensante y fuerza para poder actuar de una manera positiva. Es un hecho, si sobreempatizas absorbes el drama, llegas a formar parte de él y las personas que están dentro del drama no pueden actuar, la tragedia les domina y les paraliza. El "Ay, este mundo es un valle de lágrimas" nos impide cambiar algo, nos impide iniciar la acción necesaria para efectuar cambios. Sí, hay muchas cosas terribles en el mundo, muchísimas, pero no puedes hacer nada para aportar mejoras y ayuda si llegas a formar parte de ellas. Empatizar de la manera correcta es tener compasión y quedarte en la objetividad, solamente desde ahí tendremos la capacidad de ayudar de una manera constructiva, y de eso se trata. Somos PAS y como rasgo que es no se cura porque no hay nada que curar, pero si el rasgo te molesta, si tu forma de ser, si tu manera de sentir es tan intensa que te paraliza o te causa problemas, conviene hacer algo. Ese algo podría ser el ejercicio que acabamos de ver.

Poco a poco te harás más consciente de las cosas que te van pasando durante el día, empezarás a ganar cada vez más capacidad de llevar el volante de tu vida porque irás tomando consciencia de cómo te puede afectar la emocionalidad. Esa consciencia misma te dará la posibilidad de reconocer y manejar cada vez más, y mejor, las emociones que antes te podían. Ganarás el valor de enfrentarte con tus miedos, y te costará menos comprenderlos. Si el exceso de información te bloquea porque tus emociones se desbordan, podrás actuar antes para evitar que eso pase. Y, como último, el mayor conocimiento de tu forma de ser, de tu mundo emocional, te permitirá ser como realmente eres, espontáneo y libre.

Ojo, observarte desde la posición del ángel o desde el helicóptero no es lo mismo que aquello que en la psicología es llamado el trabajo con el "Crítico Interior". El Crítico Interior, del cual hablaremos más adelante cuando tratemos el tema de los "saboteadores", es otra manera de ganar entendimiento sobre quién eres, y tiene que ver con las voces o los comentarios interiores.

¿Cómo mantener tus límites?

En grandes grupos te cuesta mantenerte en tu centro: las reuniones de tu trabajo te agotan y necesitas un esfuerzo enorme para concentrarte, haces lo posible para evitar centros comerciales o aeropuertos, notas la energía y el malestar de la gente de tu alrededor, incluso, puede que acabes con un dolor de cabeza que no era tuyo sino de otra persona.

La capacidad de percibir el estado emocional y físico de la otra persona es bueno y forma parte del don de la alta sensibilidad. En sí es una cualidad, la cualidad de la empatía, que hace que podamos ser buenos enfermeros, médicos, terapeutas, coaches, etcétera, pero si acabas absorbiendo una dolencia o un estado emocional que no es tuyo, evidentemente no es bueno. Si acoges algo que no te pertenece, es probable que tengas un problema con tus límites, con tu capacidad de mantenerte en tu centro. Si tienes la tendencia de salir fuera de tu centro, de regalar tu centro a tu entorno, tu centro se queda vacío. Otra manera de decir esto es que tu Yo pierde el control sobre sí mismo y se hace vulnerable a lo que la periferia le impone. Si esto pasa, es posible que empieces a experimentar miedo. El exceso de información, el bombardeo de impulsos sensoriales de todo tipo, se convierte en una amenaza para tu equilibrio emocional y mental.

Ejercicio de la silla

¿Cómo es eso de mantenerte en tu centro? Una manera de imaginarte esto es la siguiente: siéntate en una silla con respaldo y reposabrazos, respira varias veces profundamente y suelta la tensión de los hombros. Ahora, fíjate en el contacto que hace tu cuerpo con la silla, tómate tu tiempo, nota como el respaldo hace contacto con tu espalda. Fíjate luego en el contacto de tus brazos con los reposabrazos. Nota como tus nalgas pesan sobre el asiento, como el borde del asiento aprieta la parte trasera de tus muslos. Sigue fijándote en este contacto. Luego, lleva tu atención a tus pies. Siente como todo tu pie hace contacto con la tierra, desde los talones hasta los dedos, del dedo pequeño al dedo grande. Si quieres, imagínate que tus pies echan raíces que buscan su camino hacia el interior de la tierra. En estos momentos estás conectado contigo mismo, has tomado tierra. Estás en ti. Seguro y tranquilo. Intenta mantenerte un ratito en esa energía y fíjate en cómo sientes la zona alrededor de tu corazón, en tu centro.

Ejercicio de caminar hacia atrás

Otro ejercicio que da buenos resultados para "retomar" tu centro es el ejercicio de caminar hacia atrás. El ser humano tiene la costumbre de moverse hacia delante, vayas caminando o en algún medio de transporte siempre vas hacia delante. Es lógico, ya que nuestros ojos están dirigidos hacia delante, lo que hace que esta sea la dirección natural en la que moverse, así ves hacia dónde vas, dónde pones tus pies y miras adelante hacia un mundo que, con cada paso, te presenta nuevas impresiones, nuevos horizontes.

Ahora, empieza a caminar hacia atrás: no podrás ver hacia dónde vas o dónde pones tus pies, tendrás que concentrarte con todo tu ser en el lugar donde poner tus pies, ¿es seguro?, ¿es liso?, ¿se trata del mismo nivel o tienes que bajar o subir un escalón? Tu atención se focaliza en tu espalda y en tus pies, con lo cual ya no te fijarás en todo lo que está delante tuya. Te vuelves sobre ti mismo, como si te recogieras, tal como a lo mejor habías hecho con el ejercicio de la silla.

Ejercicio de invertir pensamientos

Existe otra variante de "ir hacia atrás", para recogerte, para volver a encontrarte con tu centro, como antídoto a la inundación y el bombardeo por un exceso de información ambiental. Para este ejercicio coge una frase que conozcas bien, por ejemplo: «Mira cómo beben los peces en el río». Ahora invierte la frase: «río el en peces los beben cómo Mira». Si te resulta demasiada larga, haz la mitad «Mira cómo beben» que se convierte en: « beben cómo mira ».

Evidentemente puedes hacer las frases tan largas o cortas como quieras mientras consigas invertir la secuencia de las palabras. Es un ejercicio que puedes hacer perfectamente en cualquier lugar sin llamar la atención de nadie (en el trabajo, en el bus, en un centro comercial...). Elige una frase para tener preparada en los momentos en los que necesites volver a tu centro.

Un juego para niños alborotados

Existe un juego de niños que tiene el mismo principio: una persona dice «Me voy de viaje y me llevo una maleta», la segunda persona repite la frase y añade algo «Me voy de viaje y me llevo un cepillo y una maleta», la tercera: «Me voy de viaje y me llevo un par de zapatos, un cepillo y una maleta», la cuarta: «Me voy de viaje y me llevo un libro, un par de zapatos, un cepillo y una maleta». Y así se pueden seguir añadiendo objetos y repitiendo la lista al revés, hasta que alguien se equivoca y tiene que salir del juego. Es un buen juego para calmar a un grupo de niños alborotados.

Mantener la calma en situaciones estresantes

El tema del estrés es un tema recurrente en el ámbito de la alta sensibilidad. Es un hecho que la persona altamente sensible tiene una especial facilidad para estresarse por saturación. En comparación con los no-PAS, nos cansamos antes y necesitamos parar nuestras actividades más a menudo para cargar las pilas.

Hay muchas situaciones que pueden provocar el estrés, en el transcurso de este libro ya hemos visto varias, sin embargo, según las investigaciones, son sobre todo las situaciones laborales y relacionales las que más estrés generan.

Un poco de estrés de vez en cuando no es ningún problema, aunque para un PAS conviene limitar lo máximo posible las situaciones estresantes y no solo porque suele necesitar comparativamente mucho tiempo para volver a calmarse.

Síntomas del estrés crónico

El gran riesgo del estrés es que se hace crónico. El estrés crónico o prolongado no solo puede desembocar en problemas físicos y otras enfermedades graves sino que llega a influir en nuestro comportamiento, nuestros pensamientos y nuestras emociones. Así que, el estrés se puede llegar a manifestar a través de: dolores de estómago, miedos, ataques de pánico, hiperventilación, irritación, falta de capacidad resolutiva, comer y/o beber en exceso o pérdida de memoria. Muchas veces la persona entra en un círculo vicioso del cual es muy difícil salir. Vemos, por ejemplo, como el estrés puede llevar al insomnio, la falta de sueño tiene como consecuencia irritabilidad y tensión frente al hecho de sentirse con fuerza insuficiente para poder realizar las tareas del día, lo cual inevitablemente produce más estrés… Si ya estás en esta situación puede ser buena idea buscar la ayuda de un buen naturópata o de un médico especializado en medicina antroposófica o en homeopatía. Remedios naturales como la valeriana, la pasiflora, el fósforo, la nux vómica, la ignatia o incluso la avena pueden aportar un alivio notable. Mejor, sin embargo, es prevenir.

Consejos generales

Acepta tu sensibilidad como un don, incluso sabiendo que hay y habrá momentos en los que no lo experimentes como tal. Es importante aceptarlo, porque solamente reconociendo que eres PAS puedes empezar a trabajarte y transformar los temas que te complican la vida en algo que aporta ese "extra" que te enriquece la experiencia vital.

Para prevenir y combatir el estrés nunca pierdas de vista los pilares del bienestar del PAS: dormir, descansar, comer bien y mantener los ritmos. Aprende a escuchar y honrar las señales de tu cuerpo.

Ejercicio físico

Una manera muy buena de prevenir y combatir el estrés puede ser el ejercicio físico. Es importante que te guste la actividad que elijas. Típicas actividades para los altamente sensibles son: caminar (preferiblemente en la naturaleza), tai-chi, pilates, yoga, correr, equitación y la natación. Si conoces la euritmia, sabrás que los efectos de sus ejercicios son especialmente beneficiosos para los PAS. Los deportes competitivos no son muy indicados para los PAS; algo para tener en cuenta a la hora de elegir un deporte para nuestro hijo sensible. Intenta no sobreesforzarte y evita los centros de fitness con mucho ruido y jaleo para no sobresaturarte en seguida.

Si puedes, haz ejercicio cada día una media hora y preferiblemente por la mañana, te aportará energía y fuerza adicional para afrontar el día.

Dieta

Unas palabras más sobre la importancia de mantener una dieta sana: procura comer mucha verdura, legumbres, cereales, proteínas y aceites ricos en Omega-3. Es un hecho que los cultivos orgánicos (bio) contienen más vitaminas y minerales y menos pesticidas que los cultivos "normales". Las nueces, de todo tipo, aportan energía entre las comidas. Ten en cuenta que la cafeína (¡y fumar!) aumenta el estrés. Evita tanto el azúcar blanco y los edulcorantes artificiales como las bebidas que los contienen.

Actitud interior

Cuando te des cuenta de que estás a punto de entrar (o acabas de hacerlo) en una espiral de estrés, procura desconectar lo antes posible. Pisa el freno como puedas, incluso si esto significa inventarte una excusa. Si estás en el trabajo, escápate al baño o, si puedes, mejor sal a la calle y búscate un sitio tranquilo. Siéntate si puedes, cierra los ojos y respira profundamente. Si tienes la costumbre de meditar: medita, si no tienes mucha práctica con la meditación será suficiente observar tu respiración (lenta y profunda) e imaginar que toda la tensión acumulada se va liberando de tu cabeza, de tus hombros, de tu pecho, de tu estómago y empieza a deslizarse a través de tus piernas y de tus pies para desaparecer por la tierra... Quédate un tiempo haciendo esto, a lo mejor te hace falta repetirlo varias veces. Sé consciente del aquí y el ahora, no hay pasado ni hay futuro: el pasado ya no existe, el futuro nunca llega.

Intenta situarte por encima de la situación que te produce la sensación de estrés. Sepárate de la discusión que acabas de tener, de la montaña de trabajo que te espera, de la preocupación que te ha venido encima. Observa esa situación como si fueras otra persona, como alguien que es testigo de lo que acaba de pasar. Si quieres, imagínate que eres un helicóptero sobrevolando una escena que no tiene que ver contigo, ¿qué ves? Observa e intenta mantener fuera todo tipo de sentimiento o juicio, ¿qué ha pasado?, ¿cómo ha pasado?

Con este tipo de ejercicio-meditación logras distanciarte de los factores estresantes y quitarles el factor personal. Tomar distancia te aportará más calma interior. Claro, si hay trabajo, hay que hacerlo. Si vives una relación (con quien sea) estresante, tendrás que tomar medidas, es evidente. Pero si consigues quitar la sensación de ser empujado (muchas veces empujado por tus propios pensamientos y sentimientos de responsabilidad, obligación y la profunda necesidad de dar una buena impresión para poder recibir la aprobación de tu entorno) tendrás mayor capacidad para mantener tu calma interior.

Es importante hacer algo en cuanto te notes estresado, es muy importante. No tengas vergüenza cuando te estreses con más facilidad que un no-PAS, como PAS recibes mucha información, mucha más que la gente menos sensible. Por tanto, es lógico que llegues antes al punto de saturación, el punto en el que empiezas a notar síntomas de estrés. Te aconsejo que hagas caso a esos síntomas, sí o sí.

Los saboteadores o la tendencia de "montarse películas"

En el capítulo anterior hemos hablado sobre esa tendencia tan PAS de "montarse películas". Estas películas no te las montas desde tu Yo consciente sino que te van llegando como consecuencia directa de la actividad de los saboteadores: aquellas voces interiores, o subconscientes, que tienen la costumbre de actuar en lugar de tu "Yo consciente". Os he hablado sobre el Crítico Interior, el Perfeccionista, el Complaciente, el Controlador, el Empujador y el Impaciente pero estos son solamente algunos ejemplos de los muchos "yos" que pueden vivir en tu interior. Ya comentamos que el saboteador ejerce como tal cuando se asoma y se hace oír en momentos inoportunos, haciéndote creer algo que en el fondo, y en el aquí y el ahora, no es verdad. Si esto pasa, es que estás montándote una película. Por ejemplo, te queda un día para entregar un trabajo, tu Yo superior sabe que es un trabajo realmente bien hecho pero, estando en la cama y pensando en el día siguiente, te asaltan los saboteadores: el Crítico Interior y el Perfeccionista te comentan que lo podrías haber hecho mejor, el Perfeccionista a lo mejor te surgiere que cambies la secuencia de los temas o el tipo de letra para que "quede más curioso", y el colectivo del Niño Interior: la Baja Autoestima, la Inseguridad y la Vulnerabilidad, te susurra que tu trabajo seguramente será rechazado y que nadie entenderá lo que quieres transmitir.... Mientras tanto, tu Yo empieza a sentirse cada vez más abatido, y por mucho que sepa que el trabajo es bueno, no puede con tanto saboteador. Se rinde, se siente horrible, no pega ojo y, atrapado por la Duda, se teme lo peor para la presentación.

Aparte de reconocer a los saboteadores y darte cuenta de que las vocecitas en tu cabeza no provienen de tu Yo sino que pertenecen a un programa tuyo adquirido más que probablemente durante los años de la infancia, lo mejor que puedes hacer es establecer una conversación interior con el saboteador en cuestión para aplacarle. Es importante comprender que intentar suprimirlo no es lo mejor que puedes hacer, ya que todo lo que intentes suprimir se hace más fuerte.

A lo mejor tienes claro cuáles son tus saboteadores "preferidos" pero si tienes dudas te puedes hacer las siguientes preguntas:

> • ¿Qué comportamiento presentas de forma automática, sin pensarlo? Me refiero a ese tipo de comportamiento que dices: "Antes de que me diera cuenta... ya lo había dicho/ ya lo había arreglado/ ya lo había aceptado/ ya había ofrecido mi ayuda..."

- ¿Cómo te comportas en situaciones de estrés?

- ¿Cómo eres caracterizado por tus amigos?: "tú eres un verdadero…. / eso es muy típico tuyo/ tú siempre con tus…"

Recuerda que los saboteadores no te quieren hacer daño sino que te quieren proteger. En tu infancia jugaron un papel útil en tu desarrollo pero ahora eres lo suficiente mayor como para tomar tus propias decisiones, sin embargo, solamente es posible decidir desde tu "Yo" si te das cuenta de "quién" habla en tu interior. Observa tus pensamientos, cuestiona tus percepciones y tus emociones y pregúntate siempre por la verdad de las cosas.

Encontrar la verdad, que habita en la parte más noble de tu Yo consciente, es importante para poder ser quien eres, para poder gozar de la gran riqueza de poseer una sensibilidad elevada que te brinda la posibilidad de vivir desde el corazón, desde tu centro, desde tu "Yo", empatizando con el mundo, aportando creatividad y belleza y regalando un "extra", un valor añadido en la existencia de muchos.

Aparte de conectar, escuchar, tranquilizar y enseñar a cada uno de tus saboteadores el lugar que ocupan en la película que te hayas podido montar (quedándote atrapado), puedes utilizar el ejercicio de la retrospectiva para "investigar" la realidad o la verdad de la historia. Es otro método de liberarte de los saboteadores.

La relación afectiva de un PAS

Ya hemos tocado el tema del PAS enamorado en el capítulo anterior. En el baile del PAS enamorado os he pintado un retrato de cómo un PAS puede vivir la relación. La relación afectiva es un tema que en el fondo merece un libro entero y no me bastará el espacio disponible en este librito para escribir todo aquello que quisiera comentar respecto a la unión amorosa de la persona altamente sensible con el hombre o la mujer de sus sueños.

También habéis podido leer sobre el tema de los límites, un tema que mucho tiene que ver con lo que le puede pasar a una persona altamente sensible en las relaciones amorosas.

Generalizando mucho, se puede decir que los PAS se enamoran con gran facilidad. Como personas que viven en el sentir, que aspiran al Amor en su sentido más amplio y profundo y que buscan la armonía, los PAS pueden tener la convicción de haber nacido para el amor. Si a esto añadimos esa necesidad básica de estar al servicio de la otra persona y de hacerle feliz hasta incluso olvidarse de sí mismo, creo que podéis entender que para el PAS encontrar y vivir el amor es algo vital.

Quizás ya intuís por dónde le pueden venir los problemas: es un hecho que a muchas personas altamente sensibles les cuesta mantener sus relaciones, sobre todo, al PAS le puede ocurrir que su necesidad de tener una relación sea tan grande que se enamore más del amor mismo que de la otra persona. Ha encontrado una pareja y se siente maravillosamente bien y solamente ve las características positivas de la otra persona, es incapaz de detectar la sombra que cada uno tenemos. Aunque esto, en sí, es algo muy loable, después de un tiempo las sombras de los dos enamorados empiezan a hacerse visibles, y entonces, el PAS puede llegar a sentirse destrozado porque ha dado todo a su pareja y no entiende cómo "el amor" ha desaparecido. Le cuesta mucho volver a encontrar su centro y recuperarse.

El PAS suele ser una persona muy empática, a veces incluso más de la cuenta. Una empatía excesiva tiene un riesgo llamado la co-dependencia: la persona altamente sensible tiene, gracias a su empatía innata, la capacidad de sentir el dolor y los problemas de la gente, siente el dolor como si fuera suyo y quiere -no, necesita-ayudar. Casi no puede remediarlo. No va de más, sin embargo, tener claro que perderte en los dramas y dolores de otras personas es una manera de evitar tus propios problemas y temas a resolver. Al mismo tiempo puedes llegar a ser una droga, una especie de muleta o un salvador, para mucha gente, algo que en el fondo significa robarle el poder a la otra persona ya que mientras tú te comportes como el salvador mantienes a la otra persona (a la que estás "salvando") en la posición de víctima. Pero la cosa no se acaba ahí, ya que si el salvador se da cuenta de que, en un momento dado, su víctima ya no está interesada en sus servicios (cuando la pareja del PAS empieza a sentirse agobiada por la continua "ayuda" de su salvador) este fácilmente puede convertirse en un acusador lleno de reproches.

Si, como PAS empático esta dinámica te suena, te aconsejo leer muy atentamente el siguiente tema:

El triángulo dramático de Karpman: el acusador, el salvador y la víctima

Esta herramienta, que como ejercicio da mucho de sí, proviene del Análisis Transaccional, inicialmente desarrollado en la década de 1950 por el psicólogo humanista Eric Berne.

Básicamente es un juego, un baile, entre tres roles, tres comportamientos que las personas podemos tener: el comportamiento de la víctima, el comportamiento del salvador y el comportamiento del llamado acusador o perseguidor.

Veamos cómo funciona. De repente, te das cuenta de que la conversación que estabas manteniendo con alguien no avanza, se estanca, o notas que los interlocutores os estáis repitiendo de manera negativa o que tu forma de reaccionar no coincide con tus intenciones.

Si esto pasa, es posible que tu interlocutor y tú hayáis entrado en el "triángulo dramático". Si el tono de la conversación ha dejado de fluir, si el tono ameno ha cambiado a un tono agresivo o conflictivo, es más que probable que los interlocutores estén manejando patrones fijos de comunicación. Dichos patrones se basan en una de las tres posiciones del triángulo: acusador, salvador y víctima.

Cada rol es promovido por una emoción. Los tres roles siguen un patrón más o menos fijo del cual cuesta salir ya que el comportamiento del uno "invita" al comportamiento del otro, y viceversa. Vamos a conocerlos un poco mejor:

El acusador

El comportamiento del acusador, también llamado perseguidor, se basa en un sentimiento de rabia, de enfado. Lo que busca es castigar y reprochar, es más, se siente justificado para castigar. Los patrones que utiliza, o sus frases típicas, son del tipo: «si no fuera por ti ya lo hubiéramos solucionado, acabado, etcétera», «y eso, ¡después de todo que he hecho por ti!», «de mí no esperes nada, te había advertido». El acusador suele utilizar los puntos débiles de los otros para poder culparlos.

El salvador

Es este un papel que para la mayoría de los PAS es fácil de reconocer. El salvador quiere ayudar, quiere salvar y quiere solucionar los problemas de los demás. Suele intervenir sin haber recibido ningún tipo de pregunta: percibe un problema, una carencia, y se apresura a remediarlo.

Antes, hablando sobre la empatía en relación con la dificultad de mantener límites, hemos mencionado la tendencia del PAS a ofrecer ayuda y asistencia sin ni siquiera haber recibido una pregunta. La empatía es una de las cualidades del PAS pero cuando esta cualidad se hace demasiado fuerte podemos hablar de sobreempatía, y un PAS que peca de sobreempatía se hace salvador.

Entre los PAS que tienen una fuerte tendencia al rol del salvador habrá hombres y mujeres criados en un ambiente desequilibrado o disfuncional donde aprendieron, ya desde muy jóvenes, a cuidar de los demás antes que primero mirar por su propio bien. El papel del salvador puede haberse apropiado del "Yo-consciente" de la persona, con lo cual se le puede ver como el saboteador número uno.

Para que una persona pueda entrar en el rol del salvador necesita una víctima. El salvador utiliza frases como: «tengo la solución, escúchame», «¿por qué no haces A, B o C?», «¿dónde estarías sin mí?», «ya les enseñaré lo bueno que soy».

El salvador cree saberlo todo y con su comportamiento se asegura de la dependencia de la víctima. En el fondo se siente superior.

La víctima

Lo curioso del papel de la víctima es que el triángulo existe gracias a él. También es un rol que los PAS suelen conocer muy bien. La víctima suele caracterizarse por su postura pasiva y triste, reacciona desde la posición del indefenso, tiene miedo (hasta pavor) a todo: a lo nuevo, a cometer errores y a arriesgarse de la manera que sea. El miedo le puede paralizar y le puede causar ataques de pánico.

Es interesante observar que puede jugar su papel de dos maneras, como "el pobrecito", con lo cual invita al rol del salvador, o como "el irritado o el pegado", con lo cual invitará al rol del perseguidor.
De la víctima conocemos frases como: «No puedo», «Es terrible, ¿no te parece?», «Pero, no encuentro más gente como yo», «Si, pero...». O poniendo a alguien –el salvador– en un pedestal: «Sr. Doctor, ¡es usted maravilloso!».

¿Por qué se llama el Triángulo Dramático?

Hablamos de "drama" porque, como en el clásico drama griego, este juego tiene un desarrollo previsible y siempre es negativo. El problema está en que los actores no se hablan como iguales, sino que en cada diálogo siempre hay un rol, un "personaje", que se siente superior y otro que se siente inferior. Un factor añadido es que el salvador le niega a la víctima su propia responsabilidad y, por eso, le quita la posibilidad de crecer.

Aun así, es muy importante tener en cuenta que se tratan de roles basados en sentimientos, en actitudes, es decir, uno NO ES salvador, acusador o víctima, sino que durante el juego se comporta como tal, además, la misma persona puede jugar varios roles a la vez.

Interacción entre roles y beneficios de cada uno.

Imagínate que el salvador (S) decide ayudar a la víctima (V). V está contento y espera que S le resuelva la vida. Tarde o temprano, S se llega a cansar porque V se engancha a él y no mejora ni sigue los consejos que le da. Si esto ocurre, se cambiará el paso del baile, de manera que S cambia de rol y se coloca en el rol del acusador (A): «¡Cómo esperas mejorar si nunca me haces caso!». Incluso es posible que S se sitúe en el rol de V: «No puedo más. He hecho todo para ayudarte, te he dado todo. Me siento utilizado». Con esto, el que antes era V no puede quedarse en su rol y también tendrá que cambiar de posición en concordancia con el nuevo papel asumido por la persona que empezó como S. Este tipo de juego o baile lo vamos encontrando en cada relación, es más, cada relación tiene su propio patrón. La pregunta lógica sería:

¿Qué saca cada uno del juego?

El Acusador evita involucrarse. Nunca tiene la culpa de nada y no se responsabiliza. Tal vez lo más importante es que puede mantener a todo el mundo a una distancia segura, con lo cual nadie llega a conocerle como realmente es.

El Salvador se puede sentir importante y hace que los otros dependan de él. Mientras se pueda ocupar de la vida de los otros tiene la excusa perfecta para no mirarse a sí mismo. Esto es uno de los motivos por los que el PAS se siente cómodo en este rol, y encima puede demostrar al mundo que es muy, pero que muy, buena persona. La mala noticia es que, conforme se involucra para salvar a V, se va agotando. Tarde o temprano tendrá que tirar la toalla y cambiar de rol, simplemente porque físicamente no puede continuar como salvador.

¿Y la víctima? La víctima no tiene que pensar ni tiene que tomar decisiones o asumir la responsabilidad. Si no fuera porque S se cansa de cuidarle, probablemente siempre se quedaría en la comodidad del papel de víctima. Otra posibilidad, claro, es que llegue a agobiarse de los cuidados y consejos del salvador y nazca en él un sentimiento de rebeldía que le proporcione la oportunidad de tomar responsabilidad de sí mismo, de su propia vida.

¿Cómo puedes evitar entrar en el juego?

Ante todo, es importante tomar nota del juego y entender su mecanismo. Luego hay que ser capaz de ir identificando tu manera de participar en juegos de este tipo, sabiendo que, como PAS, tienes cierta tendencia a los roles de salvador y de víctima.

• El conocimiento de tus propias características como PAS y de la manera en que el Triángulo se puede perpetuar, puede ayudarte a simplemente no entrar, sino a verlo venir. Esto te permite reaccionar de forma adulta, honesta y positiva, al mismo tiempo que tomas responsabilidad de tus actos, palabras, pensamientos y emociones: actuando desde tu Yo.

• Es importante no exagerar sobre ti mismo, no generalizar y mantener tus mensajes claros y específicos. «Nunca mecomprenden» no es lo mismo que «Esta vez Fulano no me comprende».

• No ataques, no acuses. Si hay un problema no te lo tragues pero háblalo lo más rápido posible con la persona responsable; evita por tanto el cotilleo. Recuerda, los problemas no desaparecen por ignorarlos, al contrario, se hacen más grandes…

El Triángulo es un tema fascinante con muchas capas. Solamente os he pintado la primera para no complicaros la historia demasiado y no saturaros. Si te interesa investigar más hay mucha literatura sobre el tema. Aun así, puede ser un buen ejercicio observar los triángulos en tu vida para ver cómo se desarrollan y cómo se siguen perpetuando los roles hasta que alguien hace algo para salir de su rol (cualquiera de los tres), con lo cual el baile acaba.

Grandes saboteadores: acusador, salvador y víctima

Puede ser un buen ejercicio investigar estos roles desde la perspectiva de los saboteadores. Si te reconoces en uno o más de los roles evidentemente pueden ser considerados como uno de los "yos" que te impiden coger las riendas de tu vida.

Ser PAS y ser feliz, ¿es posible?

¡Por supuesto que es posible! Es posible, pero solamente si has aprendido a quererte y a cuidarte. Saber quererse y cuidarse es un requisito imprescindible para todo el mundo, PAS o no-PAS. El respeto hacia uno mismo, la autoestima, es un tema que a muchos PAS les cuesta pero que todos podemos conseguir. Además, como dije al principio de este libro, es muy importante aprender sobre el rasgo de la alta sensibilidad en general y especialmente sobre cómo se manifiesta en ti, ya que el autoconocimiento es la base de una vida feliz (con o sin pareja sentimental). Os he aportado una serie de herramientas, ejercicios e ideas con el fin de ayudaros a alcanzar un mayor nivel de autonomía personal, un mayor nivel de conciencia y, sobre todo, una mayor confianza en que la alta sensibilidad es un rasgo valioso y enriquecedor.

El equilibro emocional, el vivir desde el corazón, que es el punto medio entre nuestro pensar y nuestra manera de actuar, aporta alegría, tolerancia, un sentido en valores y paz interior. Recuerda que somos muchos y que podemos ayudarnos los unos a los otros en el camino hacia ese equilibrio y paz interior y hacia el reconocimiento de nuestro rasgo por el mundo en general.

Quiero cerrar con mi frase favorita, y os lo digo desde lo más profundo de mi corazón:

Yo creo en la Persona Altamente Sensible.

TEST de la ALTA SENSIBILIDAD

	nunca	de vez en cuando						siempre		
	1	2	3	4	5	6	7	8	9	10
1. Te molestan los ruidos fuertes										
2. Tienes el olfato muy sensible										
3. ¿Te enamoras con facilidad?										
4. Notas dolor antes que la mayoría de la gente; tienes el umbral de dolor bajo										
5. Luces muy fuertes y brillantes te hacen daño										
6. Eres sensible a luz artificial como los fluorescentes										
7. Eres sensible a todo tipo de radiación como la de los teléfonos móviles										
8. Te asustas con facilidad										
9. La cafeína te pone nervioso										
10. Te cuesta relajarte en un ambiente que no es de tu gusto										
11. Notas si personas están mal y empatizas con ellos, perdiendo fuerza										
12. Captas sutilidades en el ambiente y te afectan										
13. Cuando percibes una necesidad en seguida saltas a ayudar										
14. Ver sufrir a un ser indefenso te pone enfermo										
15. Si alguien te gusta, tienes la tendencia de fundirte con esa persona										
16. Si alguien te gusta, al principio solamente ves sus puntos positivos										
17. Si alguien te gusta, ya no piensas en ti mismo y vives para ese otro										
18. Si alguien no siente/piensa/actúa como tú, sientes un profundo rechazo										
19. Te piden ayuda y te cuesta decir que no										
20. Te estresas/agobias con facilidad										
21. Sabes escuchar señales/avisos de tu cuerpo										
22. Tienes la tendencia de aplazar tareas que no te gustan										
23. Te cuesta planificar y mantener tu plan										
24. Te pasa que, cuando de repente tienes hambre, te pones de mal humor										
25. Te cuesta relajarte mientras que alguien en tu entorno está mal										

	1	2	3	4	5	6	7	8	9	10
26. Te cuesta relajarte cuando tienes tareas pendientes										
27. Te importa que piensan de ti										
28. Cuando tienes que competir funcionas por debajo de tus capacidades										
29. ¿Necesitas la aprobación de los demás para saber que vales como persona?										
30. ¿A veces tienes la sensación de agobiar a la gente?										
31. Tienes la piel tan sensible que te duelen los tejidos bastos (etiquetas)										
32. Te hablan mal, levantan la voz o te insultan, y te paralizas										
33. Prefieres ignorar un conflicto										
34. Te cuesta defenderte										
35. Te cuesta dormirte después de un día muy completo, ajetreado										
36. Las escenas violentas te afectan de manera negativa										
37. No aguantas la injusticia										
38. En reuniones te cuesta dar tu opinión										
39. Te molestan las cosas mal hechas y el desorden										
40. Si tienes que trabajar bajo presión te bloqueas										
41. Haces todo lo posible para evitar cometer errores										
42. Consideras que tienes una vida interior muy rica y compleja										
43. Tienes la tendencia de infravalorarte										
44. Te cuesta pedir ayuda										
45. En los días de mucho ajetreo, necesitas apartarte										
47. La obligación impuesta y las exigencias te hacen rebelar y resistir										
48. Cambios (de todo tipo) te producen nerviosismo y estrés										
49. Tienes un rico mundo interior y te duele no poder compartirlo con otros										
50. Si pudieras, vivirías lejos del mundo duro y materialista										
51. ¿Te sueles adaptar al entorno para caer bien?										
52. ¿Te dejas llevar por tu entusiasmo, hasta olvidarte de tus obligaciones?										
53. ¿Te emocionas ante obras de arte o paisajes espectaculares?										
54. Cuando te falta el contacto con la naturaleza y los animales, te sientes vacío										
55. Sin espiritualidad tu vida sería un desierto										
56. ¿Tienes la tendencia de adaptarte a las expectativas de los otros?										

Suma tus puntos...

Entre **560 y 360**: te puedes considerar una persona altamente sensible. Cuanto más alta tu puntuación, más llevarás la sensibilidad a flor de piel. Si ser altamente sensible te complica la vida, y te impide llevar la vida que te gustaría llevar, te aconsejo estudiar profundamente el rasgo, considerar participar en los encuentros de personas altamente sensibles y, posiblemente, hacer unas sesiones de coaching.

Entre **360 y 250**: hay una gran probabilidad de que seas una persona altamente sensible. Posiblemente en el pasado algunos temas te hayan causado problemas, te los hayas trabajado y hayas conseguido ya encauzarlos en tu vida. Si sigue habiendo temas que te gustaría trabajar, convirtiendo algo que te moleste en algo que te aporte, puede ser una muy buena idea la de participar en grupos PAS, o hacer unas sesiones de coaching. Estudiar diferentes publicaciones sobre el tema, siempre es aconsejable.

Menos de **250**: La probabilidad de que seas una persona altamente sensible no es muy grande. Aun así, si hay temas en los que te ves reflejado/a y que te molestan, está claro que tienes una sensibilidad elevada, más bien selectiva. A veces es posible trabajarlo, a veces no.

Indistintamente de la puntuación que hayas sacado, no existe un test tan preciso como para que debas basar tu vida en él. Siempre es una orientación y conviene acudir a un profesional que entienda del tema.

FLORES DE BACH: UNA HERRAMIENTA IDÓNEA PARA PAS

Por Conchita Pfitsch, naturópata

Como ya se ha comentado en este libro, los PAS somos personas que generalmente vivimos con más intensidad desde la esfera del sentir, lo que puede conllevar una mayor percepción de nuestros estados emocionales y sus correspondientes cambios. Por un lado, esto resulta una enorme ventaja pues podemos tomar conciencia con relativa facilidad sobre lo que nos está pasando en cada momento y si así lo decidiéramos hacer algo al respecto; por otro lado, en el caso de que sea el estado emocional el que nos domine puede llegar a ser molesto, e incluso demoledor. Las llamadas Flores de Bach son esencias florales que tienen una acción reguladora en nuestro estado emocional, y a partir de ahí, inciden en la regulación del resto de nuestros niveles, tanto mental, como rítmico y/o físico.

La forma más conocida de su uso es la sintomática, es decir, una vez identificada la emoción que se necesita regular, me tomo la esencia floral correspondiente a esta emoción y casi sin darme cuenta, el malestar emocional se va diluyendo. Por ejemplo, tengo miedo a volar, a hablar en público, a… cualquier cosa concreta, me tomo MIMULO y ese miedo concreto remite momentáneamente por lo que puedo seguir funcionando bastante más aliviado; siento que estoy físicamente y mentalmente agotado, que no puedo con mi alma, tomo OLIVO y poco a poco voy saliendo del bache; siento que todo me sale mal, que no vale la pena hacer nada, el día se me presenta gris y estoy en plena racha pesimista, tomo GENCIANA y parece que vuelve a brillar el sol. Como éstos, podríamos enumerar incontables ejemplos que atañen a estados emocionales de lo más diversos: angustia, ansiedad, culpa, pena, impulsividad, duda, envidia, rabia, miedo, pánico, tristeza,… y un largo etc.

Pero hay otra forma de trabajar con las esencias florales que va mucha más allá de la de aliviar el desequilibrio emocional de momentos concretos (legítimo y recomendable de forma puntual) y es para profundizar de forma más real e intensa en nuestro camino hacia el autoconocimiento. La toma de las esencias florales juntamente con la terapia floral y/o coaching correspondiente nos permite experimentar nuestras propias emociones de una forma más consciente, conectar con nuestras limitaciones y desde allí trabajar en las herramientas que nos permiten superarlas. Se trata de incidir en el aspecto positivo correspondiente a nuestra limitación de base para que ésta pueda ser diluida. Por ejemplo, si reconozco que mi funcionamiento habitual es la necesidad de poner paz a mi alrededor, que no soporto los conflictos y las emociones agresivas en mi entorno, y que para ello haré lo que sea para conseguir un ambiente armonioso, aún a pesar de romperme y llevarme al límite de mis posibilidades, con la ayuda de la esencia floral AGRIMONIA y cultivando la CALMA INTERIOR (sobre todo esto último) podré aceptar el conflicto en mi entorno sin la necesidad de sentirme mal, incluso podré manifestar mi desagrado con la situación sin la necesidad de poner buena cara ante cualquier situación desagradable. Como PAS somos personas que empatizamos fácilmente con las necesidades y sufrimientos de otras personas y tendemos hacer lo que sea para remediar esta situación. Si no estamos conectados con nuestras propias necesidades, poco a poco nos iremos drenando y nuestra autoestima puede acabar por los suelos. Con la ayuda de la esencia floral CENTAURA MENOR y sobre todo ejercitando nuestra VOLUNTAD INDIVIDUAL podremos estar al servicio de los demás sin entrar en el servilismo y siendo nosotros mismos.

Cada uno de nosotros tiene una forma concreta y personal de posicionarse en la vida para poder conseguir colmar necesidades tan básicas como la pertenencia y la aceptación por los demás (entre otras muchas cosas). Es como si cada emoción tuviera un color y cada uno de nosotros tuviera su propio cuadro de colores desde el cual se relaciona con el mundo. Con la ayuda de las Flores de Bach podemos tomar consciencia de qué es lo que nos mueve en la vida, qué es lo que nos limita y qué es lo que podemos hacer para estar en armonía; podemos pintar en nuestro propio cuadro para que éste tenga los colores más afines a nosotros mismos, y que reflejen nuestra propia esencia. Y todo esto, desde nosotros mismos.

Bibliografía

Bewusterzijn met Hooggevoeligheid, Antoine van Staveren, Ed. Elikser, 2011

Confronting Conflict, Friedrich Glasl, Hawthorn Press, 1999

Die sechs "Nebenübungen", Rudolf Steiner, Archiati Verlag, 2006

El despertar del chakra del corazón, Florin Lowndes, Ed. Rudolf Steiner, 2005

El don de la alta sensibilidad, Elaine Aron, Ed. Obelisco, 2006

El Triángulo Dramático de Karpman, Gill Edwards, Gaia Ediciones, 2011

Highly Sensitive Person's Survival Guide, Tedd Zeff, New Harbinger
Publications, Inc, 2007

La Comunicación no Violenta, Marshall Rosenberg, Gran Aldea Editores, 2006

Las siete fases de desarrollo en personas y organizaciones, Margarete van den Brink,
Ed. Rudolf Steiner, 2011

Leven met hooggevoeligheid, Susan Marletta-Hart, Ten Have, 2006

Misterio de los temperamentos, Rudolf Steiner, Ed. Rudolf Steiner, 2004

Ontmoet jezelf, Jaap van de Weg, Ed.Christofoor, 2007

The highly sensitive person in love, Elaine Aron, Broadway books, 2000

The undervalued self, Elaine Aron, Little, Brown and Company, 2010

Vida en común: como amar sin perder nuestra identidad, Hal y Sidra Stone,
Ed. Rigden, 2006

Direcciones:

Personasaltamentesensibles.blogspot.com.es - mi blog con muchos artículos

www.personasaltamentesensibles.com - Mi web (con el test de Elaine Aron)

www.nachomur.net - La web de Nacho Mur

www.saludnaturalmente.com - La web de Conchita Pfitsch

www.hsperson.com - La web de Elaine Aron